Der Narr und das Management

Wer nicht den Mut hat,
auf seine eigene Art närrisch zu sein,
hat ihn schwerlich,
auf seine eigene Art klug zu sein.

Jean Paul
»Bemerkungen über uns
närrische Menschen«

*All jenen gewidmet,
die den Narren in mir erkannt,
akzeptiert und gefördert haben,
besonders Bine,
Eva-Maria und Georg.*

Inhalt

Auftakt

Lernen – ist herausfinden, was Du bereits weißt,
Handeln – ist zeigen, daß du es weißt,
Lehren – ist anderen zeigen, wissen lassen,
daß sie es genau so gut wissen wie du selbst.

Richard Bach

Schön – oder? Lesen Sie das noch einmal, genauer: Lassen Sie die Worte nach-wirken.

Schön schon, aber schwer, ganz besonders schwer für jene von uns, die gewohnt sind, *macht*-voll zu führen, aufbauend auf ihre Macht, vertrauend auf ihre durch All-Macht unterstützte Autorität. Wenn man seinen Mitarbeitern, »*Unter*-gebenen« gegenüber zugibt, daß sie eigentlich dasselbe Wissen haben (oder wenigstens erwerben können), wie man selbst hat, gibt man doch einen Teil seiner Macht aus der Hand – oder? Da gibt es doch noch dazu so eine Redensart: »Wissen ist Macht«!

Da muß es doch für einen »Führer« viel sicherer sein, die Kommunikations- und Informationsströme im Unternehmen so zu steuern, daß die macht-voll geführten Mitarbeiter nur einen Bruchteil jener Informationen bekommen, die man selber hat. Dann fühlen sie sich wenigstens richtig *ohn*-mächtig, ohne Macht, und kommen nicht auf dumme Gedanken.

Leistungssteigerung im Unternehmen nach den Vorschlägen dieses Buches zu gestalten ist daher kein leichter Weg. Es ist aber ein Weg, der zu langfristig wirksamer Steigerung des wirtschaftlichen Unternehmensergebnisses bei Einbeziehung der Mitarbeiter – und damit der sozialen Verantwortung jedes Unternehmers und Managers – führt.

Ich behaupte, daß der langfristige Erfolg eines Unternehmens im Einklang *beider* Faktoren – des Shareholder Values als gerechtfertigter Forderung der Aktionäre oder Teilhaber nach

wirtschaftlichem Erfolg und der Akzeptanz der Bedürfnisse der
Menschen im Unternehmen – liegt.

Was das alles mit dem Narren – der offensichtlichen Leitfigur dieses Buches – zu tun hat, erfahren Sie später.

Ein-Klang

Der Versuch einer Gebrauchsanleitung

> Ich weiß, warum viele Menschen es lieben,
> Holz zu hacken.
> Bei dieser Tätigkeit sieht man sofort das Ergebnis.
>
> Albert Einstein

Wozu braucht ein Buch eine Gebrauchsanleitung?
Eine berechtigte Frage! Ich möchte zwei Dinge damit erreichen:

Als erstes möchte ich kurz (Sie werden später noch viel mehr darüber lesen) erläutern, warum ich gerade den Narren als Leitfigur für dieses Buch ausgewählt habe.

Als zweites versuche ich Ihre Verwunderung über einige närrische Inhalte zu steigern, aber gleichzeitig diese soweit zu erklären, daß Sie nicht Angst davor bekommen. Denn Narren sind furchtlos!

Als drittes möchte ich deutlich machen, daß es verschiedene richtige Wege gibt, dieses Buch zu lesen und anzuwenden. Da Narren den Weg nicht kennen (deswegen sind sie ja so furchtlos!), haben sie damit wenig Probleme.

Zum ersten – Der Narr als Leitfigur und Wegweiser für dieses Buch

Als Leitfigur und Wegweiser für dieses Buch dient der Narr – seine Symbolik führt durch die einzelnen für die Leistungssteigerung im Unternehmen notwendigen Schritte und gibt damit diesem oft mißverstandenen, ja mißbrauchten Thema des »Reengineering« eine neue, menschliche Dimension.

Dieses Buch schlägt eine Brücke zwischen (scheinbar) widersprüchlichen Faktoren: Menschlichkeit im Unternehmen und der Notwendigkeit ständiger Leistungssteigerung. Es ist aber auch Wegweiser zwischen bewährten Managementmethoden und ganzheitlicher Denkweise – und soll nicht zuletzt dazu anregen, sich mit ungewohnten, neuen, »närrischen« Themen zu beschäftigen.

Der Narr ist der Ver-rückte, der aus der Norm gerückte und daher Ab-normale, der in sich den Samen des Genies trägt. Er ist der Katalysator zur Veränderung der Gesellschaft – jener Gesellschaft, die ihn heute ausgrenzt und in Irrenhäuser sperrt.

Dieses Buch fordert dazu auf, es dem Narren gleichzutun und alle Barrieren und Hindernisse in Ihrem Unternehmen, in Ihrem Arbeitsbereich, in Ihrem Leben, die einer Leistungssteigerung und einem langfristig gesicherten Erfolg im Wege stehen, zu ver-rücken.

Denn nur Narren als Manager und Mitarbeiter sind frei genug, um diesen mutigen Weg zu gehen, der den geforderten wirtschaftlichen Erfolg und die Zufriedenheit der Menschen im Unternehmen dauerhaft sicherstellt.

Zur Symbolik des Narren

Den »weisen Narren« findet man in vielen Kulturen und in allen Teilen der Welt.

Sein »reiner Geist« ist jenen ungewöhnlichen Erfahrungen nicht verschlossen, die »gewöhnlichen Menschen« verborgen bleiben. Genau deswegen nennen diese ihn ja auch närrisch und sperren ihn weg.

Zum zweiten

Das Symbol des Narren als Leitfigur wurde nicht ganz zufällig gewählt. Wann immer ich ein Tarot-Deck oder ein Buch darüber in der Hand gehalten habe, hat mich der Narr – diese rätselhafte Figur, die gleichzeitig am Anfang und am Ende steht –

am meisten interessiert. Abgesehen von meiner Affinität zu dieser Figur (und zu meiner Identifikation mit ihr, auch wenn es mein Umfeld fallweise in Verwirrung stürzt) wurde mir bei näherer Beschäftigung mit dem Narren und seiner Symbolik klar, wie viele Analogien es dabei zum Management von Veränderungsprozessen im Unternehmen gibt.

Übrigens:

Sie werden in diesem Buch immer wieder Variationen zu den Themen finden, die Ihnen mehr oder weniger fremdartig oder sogar unpassend vorkommen mögen. Dasselbe gilt für die jedem Thema zugeordneten Gedichte oder Texte von LaoTse bis Konstantin Wecker, von Shakespeare bis Erich Fried (närrischerweise paßt das nämlich gut zusammen!).

Mein Vorschlag: Lesen Sie diese Texte, und lassen Sie ihren Inhalt nach-klingen.

Apropos klingen: Die Verwendung musikalischer Ausdrücke in diesem Buch begründet sich einerseits darin, daß ich Musik für ein wesentliches Hilfsmittel bei der Überschreitung von Grenzen verschiedenster Art halte (insofern Sie auch musikalisch bereit sind, die Grenzen und Be-grenzungen offenzulassen) und andererseits in meiner persönlichen Liebe zu Musik und Klang.

Mit diesen Musikempfehlungen verhält es sich genauso wie mit den Buchempfehlungen: Sie sind nach meinen ganz persönlichen närrischen Vorlieben zusammengestellt, ohne Anspruch auf Vollständigkeit. Das Lesen dieser Bücher, das Hören dieser Musik hat *mir* etwas bedeutet, hat *mich* in irgendeiner Form weitergebracht – und ich hoffe, daß es auch *Ihnen* etwas bringt.

Eine weitere Anmerkung:

Wundern Sie sich bitte nicht über so manches in zwei Wörter aufgeteilte Wort (wie etwa Ein-Klang als Titel dieses Kapitels) – Sie haben es erraten, auch hier steckt närrische Absicht dahinter: die Absicht, durch diese Wort-Teilungen – fallweise versteckte – Bedeutungen von Wörtern zu betonen und deutlich zu machen.

Zum dritten

Ich stelle es Ihnen frei, wie Sie dieses Buch lesen – es gibt sehr viele verschiedene richtige, aber keine einzige falsche Methode. Falsch wäre nur, es nicht zu lesen – aber Sie sind ja schon mitten drin. Chaos-orientierte Diagonalleser mögen ungestört querdurch stöbern, bis sie an irgendeinem Text, irgendeinem Bild hängenbleiben. »Ordentliche Leser« (oder weniger närrische) mögen es gerne Kapitel für Kapitel lesen. Wann immer Sie irgendwo an-stoßen, irgendwo ein Thema finden, daß Sie ab-stößt: lassen Sie es einfach aus (noch besser: lesen Sie es, und denken Sie darüber nach, was genau durch dieses Thema in Ihnen an-gesprochen wurde, an-geklungen ist). Sie werden bemerken, daß die den einzelnen Themen zugeordneten Basistexte dort, wo es in offensichtlicher und direkter Form um das Thema des Buches – um Leistungssteigerung im Unternehmen – geht, ganz bewußt recht sachlich geschrieben sind. Dafür erlaube ich mir die närrische Freiheit, in den Variationen und Kadenzen zum Thema – scheinbar – weit abzuweichen, obwohl der Zusammenhang (zumindest für Narren deutlich sichtbar) immer da ist.

Wenn Sie nach der Lektüre dieses Buches zur Ansicht kommen, es sei ein recht ver-rücktes Buch, dann habe ich mein Ziel erreicht. Gehen Sie dann aber bitte auch den nächsten Schritt: Ver-rücken Sie alle Barrieren und Hindernisse in Ihrem Unternehmen, in Ihrem Arbeitsbereich, in Ihrem Leben, die einer Leistungssteigerung und einem langfristig gesicherten Erfolg im Wege stehen.

Schon wieder ein Buch über Reengineering?

Nein – denn Business Process Reengineering ist nur *eine* mögliche Methode zur Leistungssteigerung im Unternehmen, und selbst dann nur eine *Teil*-Methode, denn ohne entsprechende begleitende Vorbereitung und Veränderungsmanagement ist

Reengineering alten Stils eine vorwiegend für Crash- und Krisen-Management geeignete Methode, um kurzfristig deutliche Einsparungen (meist an Personalkosten) zu erzielen, aber keinesfalls, um langfristig den Unternehmenserfolg zu steigern.

Ja – denn die grundsätzliche Vorgangsweise des Business Process Reengineering ist eine hervorragende Methode, über die Optimierung von Prozessen nicht wertschöpfende Aktivitäten (aus Kundensicht) einzusparen und daher mehr Arbeitszeit den wertschöpfenden zu widmen – ohne Downsizing, aber mit deutlich besseren wirtschaftlichen Ergebnissen. Und natürlich finden sich die Grundzüge des Reengineering auch in diesem Buch, natürlich habe auch ich Hammer und Champy gelesen.

Ein gravierender Widerspruch?

Mag sein – aber Sie werden sehen, daß dieses Buch voll von Widersprüchen steckt. Widersprüche, die zum Nachdenken auffordern, Widersprüche, die bei Ihnen Emotionen freisetzen werden. Und Emotionen sind gut, denn sie bringen etwas in Bewegung.

Übrigens:

Kommentare, Fragen, Anregungen und konstruktive Kritik sind mir willkommen, meine Narrenseite – das sind jene Seiten im Internet, in denen ich den närrischen Teil meines Ich offenlege – erreichen Sie unter der Adresse www.fritz.maywald.at. Dort wird es immer wieder neue närrische Sachen zu sehen, lesen und vielleicht auch zu hören geben.

> Vieles, was ich von mir dachte,
> War ich sicherlich noch nie,
> Und für vieles, was ich bin,
> Fehlt mir noch die Fantasie.
>
> Konstantin Wecker
> »Inwendig Warm«

Glossar – Wegweiser durch die Struktur dieses Buches

> Wenn der Gegner den Rhythmus verloren hat,
> kannst Du ihn leicht besiegen.
> Miyamoto Musashi
> »Das Buch der fünf Ringe« (17. Jh.)

Thema
Das sind jene Teile des Buches, die sich auf die eigentliche Methodik und Vorgangsweise zur Leistungssteigerung im Unternehmen beziehen. Wenn Sie ausschließlich die Thementexte lesen, finden Sie ein relativ un-närrisches Handbuch vor zum Thema: «Wie führe ich Leistungssteigerungs-Projekte durch«.

Variation
Variationen zum jeweiligen Thema, die scheinbar mehr oder weniger weit davon abweichen, aber doch eng damit verbunden sind. Sie sollen Denkanstöße geben, Anregung bieten, Grenzen zu überschreiten. Der Lohn dafür ist eine ganzheitliche Sichtweise und ein erweiterter Horizont.

Kadenz
Jene närrischen »Ausflüge«, die auf den ersten Blick mit dem Thema wenig zu tun haben, aber in weitem Bogen doch dazu zurückkehren. Weniger närrischen Lesern rate ich, diese Teile mit entsprechender Vorsicht zu lesen, Nebenwirkungen sind nicht auszuschließen.

Wie dieses Buch entstanden ist

> Im Leben gibt es keine Lösungen …
> Es gibt nur Kräfte, die in Bewegung sind.
> Man muß sie erzeugen,
> und die Lösungen werden folgen.
>
> A. de Saint-Exupéry

Das ist keine Anleitung »Wie schreibe ich ein Buch«. Dieses Kapitel soll nur aufzeigen, deutlich machen, durch welche (scheinbaren) Zufälle, durch welche Verkettung von Ereignissen, die vordergründig in keinerlei ursächlichem und logischem Zusammenhang stehen, ein Prozeß ausgelöst und vorangetrieben werden kann.

Dieses Buch entstand ganz einfach:

Alle meine Versuche der letzten zehn Jahre, ein Buch zu schreiben, sind nicht etwa daran gescheitert, daß mir kein Thema eingefallen ist – Themen unterschiedlichster Ausprägung gab es zuhauf. Sie sind auch nicht daran gescheitert, daß mir nichts zu diesen Themen eingefallen ist, sondern ganz einfach daran, daß alle diese ungeschriebenen Bücher in meinem Kopf und in meinem Bauch fertig geschrieben waren, aber nie ein Buchstabe aufs Papier gefunden hat. Als Ausrede diente meist der Mangel an Zeit, in Wirklichkeit war es der Mangel an Mut, sich mit so etwas Närrischem wie dem Schreiben eines Buches zu beschäftigen.

Vielleicht war es aber ganz einfach noch nicht die Zeit, *meine* Zeit dafür.

Im Sommer 1998 ist mir dann folgendes passiert:

Beim Umbau meines Bücherregals fiel mir ein Buch in die Hand, in das mir die Verursacher dieses Buches[1] vor langer, langer Zeit (ich denke, es war 1986) als Widmung hineingeschrieben haben:

»Auf viele gemeinsame kreative Abenteuer«

Wir haben uns in den seit damals vergangenen 16 Jahren nur einmal kurz bei einer Filmaufführung getroffen, der Kontakt war abgerissen.

Als am Tag darauf ein Beraterkollege einen Seminarleiter zum
Thema Präsentationstechniken sucht, fällt mir die Mitarbeite-
rin eines Unternehmens ein, die ich damals durch sie kennen-
gelernt habe. Ich rufe daher endlich Eva-Maria und Georg an,
um zu erkunden, ob dieses Unternehmen solche Seminare
noch durchführt. Nächster Schritt war ein (offensichtlich längst
fälliger) Besuch bei den beiden, bei dem wir sehr viele schöne,
närrische, ver-rückte Themen berührt und aufgeweckt haben.

Und ich sage irgendwann im Gespräch nach dem zweiten
Glas Brunello: «Ich habe wieder einmal ein Buch im Kopf.
Aber es wird wohl auch dieses aus Zeitmangel ungeschrieben
bleiben.« Wir haben dann noch ein bißchen über das Thema
dieses «Gedankenbuches« gesprochen, und ich habe als Ergebnis dieses Gespräches eine klare und zwingende Botschaft mit-
genommen:

»Nur DU kannst dieses Buch schreiben – also schreib es!«

Am Tag darauf stand der Titel fest, eine Woche später war
der Entwurf für das Cover fertig, zwei Tage danach der Klap-
pentext und die Einleitung – ein typisch närrischer Anfang, ein
Buch zu schreiben.

Die Tatsache, daß der Gerling Akademie Verlag als Logo
eine Spirale hat, als klaren Konnex zur Energiespirale der Schamanen zu deuten und damit den Kreis zu schließen, scheint
allerdings selbst mir etwas zu kühn.

Worauf ich hinaus will:
• Achten Sie auf scheinbar zufällige Ereignisse, Signale, Zei-
  chen. Alles, was Ihnen und mit Ihnen passiert, alles, was Ihnen
  zu-fällt, hat Bedeutung, auch wenn Sie im Moment des Er-
  eignisses diese Bedeutung nicht erkennen können.
• Lassen Sie sich durch die Tatsache, daß es scheinbar völlig
  närrisch und sinn-los ist, das, wohin Sie diese Signale leiten,
  gerade jetzt in die Tat umzusetzen, nicht von der Realisierung abhalten – den Sinn dahinter werden Sie schon noch
  erkennen.

Wenn Sie nur im Kopf und im Bauch kreativ sind, aber nichts
Er-lebbares, Er-spürbares, Er-faßbares oder Er-greifbares pro-

duzieren, ist Ihre Kreativität verloren und ohne Nutzen – auch in diesem Fall ist die beste Software ohne Hardware machtlos.

Ein Erlebnis

Ich hatte dieses Buch bereits begonnen, als mir die folgende Meldung im Wirtschaftsteil einer Tageszeitung entgegensprang:

Trotz boomender Branche massiver Personalabbau bei XX
Bei einem Treffen mit Börse-Analytikern hatte XX-Vorstandschef fast beiläufig die Gewinnerwartungen für 1998 zurückgeschraubt. Daraufhin brachen weltweit die Kurse des Unternehmens ein.
   Soweit nicht wirklich dramatisch – klang nach massiver Krise und die darauffolgende logische Reaktion des Aktienmarktes.
Zur Beruhigung der aufgeschreckten Aktienmärkte gab der Vorstandschef bekannt, daß das Unternehmen im nächsten Jahr weltweit 10 000 Mitarbeiter abbauen werde, also rund 10 % der Gesamtbelegschaft.
Schon dramatischer – da muß es wohl gravierende Umsatz- und Gewinneinbrüche im Unternehmen gegeben haben, wenn man zu solchen Radikalmaßnahmen greift – und das in einer extrem rasch wachsenden Branche!
Bis zur Jahresmitte 98 war der Gewinn um 24% gestiegen.
Unverständnis kommt auf – wieso Radikalmaßnahmen, wenn der Gewinn gestiegen ist?
Für das Gesamtjahr 1998 erwartet das Unternehmen rund 26 Mrd. $ Gewinn statt den bisher geschätzten 28,3 Mrd. $.
Dem Unverständnis folgt Wut: Wenn ein Unternehmen seinen Gewinn um fast 25% steigert und dieser Gewinn auch zahlenmäßig beachtlich ist, gibt es wohl wenig Grund zu Radikalmaßnahmen. Und ein vergleichsweiser lächerlicher Unterschied zwischen Plan- und Ist-Gewinn von 2,3 Mrd $ (das heißt ein Unterschreiten der Voraussage um 8 %) rechtfertigten das schon gar nicht.

Sind wir tatsächlich schon so weit, daß ein geringfügiges Zu-
rücknehmen einer Gewinnerwartung solche Reaktionen auslöst? Warum müssen 10 000 Mitarbeiter (wohlgemerkt einer
boomenden Branche mit zu erwartenden beträchtlichen Zu-
wachsraten in den nächsten Jahren) für etwas zu optimistische
Prognosen eines Unternehmensvorstandes büßen?

*Die Ankündigung des Mitarbeiterabbaues freute die Börsianer in
New York offensichtlich – die Kurse des Konkurrenzunternehmens
gaben nach.*

Mir wurde klar, daß dieses Buch aktueller, notwendiger und
wichtiger war, als ich es selbst angenommen hatte. Mir wurde
klar, daß unser Wirtschaftssystem pervertierter ist, als ich es
mir selbst mit meiner närrischen Vorstellungskraft ausmalen
konnte!

Wozu eigentlich Leistungssteigerung?

> Unsere Natur ist in der Bewegung,
> völlige Ruhe ist der Tod.
>
> Blaise Pascal

Da gibt es diesen alten, schon etwas abgenützten Spruch der
Qualitäts-Manager:

»Wer nicht täglich besser wird, hat aufgehört, gut zu sein.«

Unangenehm! Unangenehm deswegen, weil man doch so
stolz ist auf das Erreichte, egal ob als Mitarbeiter eines Unternehmens oder als dessen Leiter. Unangenehm, weil dieser
Spruch seine volle Berechtigung hat:

Es gibt nur einen Weg, den

- Weg nach vorne,
- den Weg in die Veränderung,
- den Weg der Verbesserung.

So wie jeder Organismus nur durch ständige Erneuerung =
Veränderung = Weiterentwicklung am Leben bleibt, bleibt je-

des Unternehmen (und die Menschen im Unternehmen) nur dann wirtschaftlich am Leben, wenn es sich ständig verändert, weiterentwickelt, verbessert.

Und der Zeitraum, der Zyklus für diesen Erneuerungsprozeß, der im 19. Jahrhundert vielleicht noch so langsam war, daß er länger als eine ganze Generation gebraucht hat, ist heute auf wenige Jahre, in manchen Branchen sogar auf weniger als ein Jahr geschrumpft. Nehmen Sie die Entwicklung der Informationstechnologie, die Entwicklung des Internets, der Telekommunikation – das sind Entwicklungsschübe, die noch vor wenigen Jahren kaum erahnbar waren.

Vor einem gefährlichen Irrtum warne ich allerdings:

Weder die Umsatzsteigerung noch die Gewinnmaximierung sind das alleinige Maß für die Leistungssteigerung eines Unternehmens. Gemeinsam damit muß die Qualität der erzeugten Produkte steigen, gemeinsam damit muß die Qualität der angebotenen Leistung steigen. Und parallel dazu muß die Arbeits- und Lebensqualität der im Unternehmen beschäftigten Menschen steigen, sonst bricht dieser Zyklus irgendwann einmal zusammen, nämlich dann, wenn alle jene das Unternehmen verlassen, die mit mehr Geld allein nicht glücklich zu machen sind.

Natürlich, es bleiben noch die Karrierehungrigen, es bleiben noch jene, die durch Umsatzprovisionen glücklich zu machen sind – aber alle jene, die im Sinne der Aussage von Saint-Exupéry's »Sehnsucht« haben (siehe Hauptthema), gehen weg. Machen Sie bitte nicht den Fehler zu glauben, das wären die schlechtesten Mitarbeiter!

Das Unternehmen als Organismus

> Es gibt nichts Beständiges im Universum.
> Jedes Wesen, das geboren wird,
> trägt in seinem Schoß den Keim des Wandels.
>
> Ovid

Der Vergleich ist gar nicht weit hergeholt:

Das Unternehmen als lebender Organismus, mit einem Kopf, mehreren Sinnesorganen, Händen, Beinen, einem Herz... und abhängig von der harmonischen Funktion all dieser Organe.

Noch radikaler:

Das Unternehmen als Zusammenballung einer Vielzahl von einzelnen lebenden Zellen, die diese Organe bilden, die jede für sich gleich wichtig sind für den Bestand und die Weiterentwicklung des Organismus Unternehmen. Unterfunktion und frühzeitiges Absterben führt zu Problemen, Überfunktion und krebsartiges Wuchern ebenfalls.

Vor einigen Jahren hat ein hervorragendes Buch mit dem Titel »Zwischen Organismus und Organisation« vom Bioenergetiker Waldefried Pechtl mein Interesse an der Bioenergetik ausgelöst, die anhand von Analogien im physischen, körperlichen Bereich Probleme und Fehlfunktionen im psychischen Bereich aufzeigt und damit zu lösen hilft. Und mich begeistert diese Analogie – und dieses Buch (ich lese es seit mehr als zehn Jahren und werde es wohl nie zu Ende gelesen haben) – noch immer.

Übung

Ich habe vor langer Zeit auf einem der ersten von mir durchgeführten Kreativitäts-Seminaren als Gruppenaufgabe gestellt, das Unternehmen der Teilnehmer als Organismus darzustellen – und habe damit beim anwesenden geschäftsführenden Gesellschafter blankes Entsetzen hervorgerufen. Das Ergebnis war so faszinierend, daß diese Übung zum Bestandteil vieler meiner firmeninternen Seminare wurde.

Anleitung

- Ausgangssituation: Gruppen von je sechs bis zehn Teilnehmern
- Zeitbedarf: etwa 1 h Vorbereitung, 15 min Präsentation pro Gruppe
- Vorzubereiten vom Coach: Flipchartpapier, Zeichenstifte
- Aufgabe für die Gruppe: »Stellen Sie (nicht allein, sondern als Gruppe, gemischt aus Mitarbeitern gleichartiger oder verschiedener Hierarchieebenen des Unternehmens) Ihr Unternehmen als Organismus dar. Die Art dieser ›Darstellung‹ bleibt Ihnen frei überlassen – das kann ein Bild sein, eine Pantomime, ein Mini-Drama, ein Lied. Erarbeiten Sie ein Ergebnis, mit dem die ganze Gruppe einverstanden ist, und lassen Sie es wirken, bevor Sie es durch Interpretation zer-reden. Präsentieren Sie diesen Organismus dann den anderen Gruppen.«

Sie werden sich wundern, was Sie bei diesen Darstellungen alles über Ihr Unternehmen erfahren – und Sie werden sich noch mehr wundern, wie kreativ Ihre Mitarbeiter sind, wenn man sie nur läßt!

Variation zu dieser Übung

- Ausgangssituation: Gruppe von sechs bis zehn Teilnehmern
- Zeitbedarf: 10 min Vorbereitung, 2 - 3 min Präsentation pro Teilnehmer
- Vorzubereiten vom Coach: Flipchartpapier, Zeichenstifte
- Aufgabe für die Gruppe: »Zeichnen Sie (oder wer immer in der Gruppe, der das kann) ein menschliches Wesen auf ein Flipchart. Und dann soll jedes Gruppenmitglied sich selbst jenem Organ zuordnen (am besten seinen Namen hinschreiben), das (oder ein Teil dessen) es im Unternehmen zu sein

glaubt – und gleich anschließend einen Pfeil zu jenem Organ zeichnen, das es gerne sein möchte. Zu beiden Zuordnungen ist jeweils eine kurze Erklärung abzugeben.«

Sie werden Sich wundern, was Sie über Ihre Mitarbeiter – oder sich selbst – alles erfahren!

Der Narr als Symbol und Begleiter durch dieses Buch

Wer nicht den Mut hat,
auf seine eigene Art närrisch zu sein,
hat ihn schwerlich,
auf seine eigene Art klug zu sein.

Jean Paul
»Bemerkungen über uns
närrische Menschen«

Wie Sie schon gemerkt haben, werden Sie in diesem Buch sehr oft dem Narren begegnen – dem Narren als Symbol, dem Narren als Wegweiser, dem Narren als Leitfigur für dieses Buch.

Es ist daher gerechtfertigt, diesem Narren am Beginn des Buches einigen Raum zu widmen.

Der Narr im Tarot

Wahrsagen und Leistungssteigerung? Keine Angst, jetzt kommt
keine Anleitung zum Kartenlegen. Wenn man aber die Bilder
auf den Tarotkarten als Symbole, als Archetypen, als Urtypen
alles Seins betrachtet, kann man lange und viel darin lesen. In
der Symbolik des Tarot finden Sie die älteste Darstellung des
Narren, älter als das Christentum, älter als schriftliche Überlieferung.

Ursprung und Geschichte des Tarot

Die Ursprünge des Tarot liegen im dunkeln. Erste Kartenspiele
sind aus China (11. Jh.) bekannt und mögen von dort durch
Kaufleute in den Westen gebracht worden sein. Eine andere
Theorie[2] geht davon aus, daß die Tarotsymbolik aus Indien
stammt – weil neben dem Affengott Hanuman auch die
Gottheit Ardhanari oft mit Symbolen abgebildet wird, die
Ähnlichkeit mit den Symbolen des Tarots (Kelch, Szepter,
Schwert) haben.

Auch die Araber könnten es gewesen sein, die ja schon im
8. Jh. über Spanien bis Frankreich vorgedrungen sind.

Die Zigeuner scheiden als Ursprung wohl aus, auch wenn
sie sicher sehr viel zu der Verbreitung als Wahrsagekarten
beigetragen haben – sie traten im Westen Europas erst im
15. Jh. auf, über hundert Jahre später, nachdem die Tarot-
Karten bereits in ganz Westeuropa bekannt waren.

Unklar ist auch, ob die 22 Trumpfkarten (die große Arkana) – und dazu gehört unser Narr – immer schon Teil der 78
Tarotkarten waren oder erst später aus einer anderen Quelle
hinzukamen.

Die erste schriftliche Erwähnung (allerdings ohne Abbil-
dung) eines Kartenspiels stammt aus dem 13. Jh., die ersten er-
haltenen Karten irgendwann aus dem 14. Jh. Interessant dabei
– gerade im Zusammenhang mit dem einzigen »Über-
lebenden« aus der großen Arkana, dem Narren – ist, daß die

Karten bereits im 14. Jh. in einigen Städten und Ländern verboten und im frühen 15. Jh. nachweislich von Vertretern der
Kirche verurteilt wurden.

Die Geschichte der Karten gibt also nicht sehr viel her.

Offensichtlich stammen die Karten aus sehr frühen, »heidni-
schen« (was immer das heißt) Quellen, deren Wissen durch Bilder und mündliche Überlieferung weitergegeben wurde. Das
erklärt die Verwendung als Wahrsagekarten, das erklärt das Ver-
bot durch die christliche Kirche. Und das bestätigt ihre tiefe
Symbolik, mit der wir in längst vergessenes Wissen eindringen
können.

Aber zurück zum Narren, das ist ja kein Buch über Tarot!

Die Symbolik des Narren

Der Narr nimmt in der Symbolik des Tarot eine ganz eigenartige Stellung ein, er steht am Anfang (die Null) und gleichzeitig am Ende der 22 Karten, schließt also den Kreislauf – und
er ist die einzige Karte der »Großen Arkana« , also die symbol-
trächtigste aller Karten, die bis heute im Rommé-Spiel als
Joker überlebt hat. Oder besser ausgedrückt: den man für so
harmlos gehalten hat, daß man ihn überleben ließ.

Den Archetyp des »weisen Narren« findet man in vielen (alten) Kulturen und in allen Teilen der Welt. Sein Mangel an ge-
sellschaftlicher Erfahrung sieht – oberflächlich betrachtet – wie
ein Nachteil aus. In Wirklichkeit jedoch stellt diese Distanz vor
der Gesellschaft, dieses »Ausgeschlossen-sein« sicher, daß er
nicht von ihr eingezwängt wurde:

Er ist der Landstreicher, der Aussteiger, der an der Grenze
des organisierten, gesellschaftlichen, »normalen« Lebens existiert, unbeirrt seinen eigenen Weg geht und alle jene Regeln
und Tabus ignoriert, mit denen die Menschen ihn einzuschrän-
ken versuchen.

Er verkörpert den subtilen, plötzlichen Impuls, der von einer
fremden und unerwarteten Seite kommt: »Ich suche mich durch
etwas, was ich nicht kenne.«[3]

Der Narr – Sie werden es noch öfter in diesem Buch lesen –

ist neugierig. Und gerade diese Neu-Gier, diese Gier nach neuen, ungewöhnlichen Dingen macht ihn so wertvoll im Unternehmen:

– als Impulsgeber, der nicht zuerst darüber nachdenkt, warum etwas »nicht geht«, weil es vielleicht zu neu ist, weil es vielleicht Tabus verletzt;

– als der Mitarbeiter, der die Ideen einbringt, die gerade deswegen so gut sind, weil sie unerwartet kommen – und daher dafür sorgt, daß in festgefahrene Rituale wieder die notwendige Bewegung kommt.

Daß sich der Narr damit nicht nur Freunde macht, ist offensichtlich – denn gar so gerne läßt man ja nicht seine gewohnten Rituale stören. Und das Brechen von Tabus ist sowieso gefährlich. Tabus finden Sie übrigens überraschend häufig im Unternehmen. Sie meinen, in Ihrem nicht? Überlegen Sie doch einmal, bei welchen Themen interne Sitzungen zu Eis erstarren oder in emotionale Ausbrüche ausarten. Überlegen Sie doch einmal, welche Themen Sie möglichst nicht berühren, oder nur dann, wenn es gar nicht anders geht. Manchmal umfassen Tabus ganz banale Themen, wie die Position der Task-Leiste in Windows oder den Kaffeeautomaten.

In allen Fällen aber binden sie Energie, verhindern sie kreative Ideen, verringern sie die Chance, daß es Mitarbeiter wagen, sich närrisch genug zu benehmen.

> Er ist ein Prinz aus einer anderen, fremden Welt auf seiner Reise durch unsere. Die Sonne, die hinter ihm scheint, weiß, wann er gekommen ist, wohin er geht und wie er auf einem anderen Weg zurückkehren wird.[4]

Der Narr ist etwas Besonderes – das erkennt man (zumindest im Tarot, manchmal auch im wirklichen Leben) schon an seiner Kleidung, spätestens aber an seinem närrischen Verhalten. Und er ist meistens auf der Durchreise, denn es hält ihn nicht lange an einem Platz, bei einem Thema, seine Neugier treibt ihn fort. Wir sollten uns die Erfahrung, die er in dieser fremden Welt gemacht hat, zunutze machen, ihm zuhören.

Und eines ist sicher: Der Narr kommt zurück, irgendwann

auf seiner unendlich langen Reise, und nur diejenigen werden ihn wiedererkennen, die einen klaren Blick haben. Denn er kommt auf einem anderen Weg, in anderer Gestalt, mit anderen närrischen Ideen.

Er spaziert mit derselben Leichtigkeit in das Schloß des Königs wie in das Dorf der Bauern. Die Alten glaubten daran, daß Verrückte einen klaren Geist hatten, da sie durch ihre Distanz von der Gesellschaft nicht durch deren materielle Zwänge eingeschränkt wurden.[5]

Der Narr kennt keine Unterschiede und Standesdünkel – er ist doch selbst ein Ausgestoßener, von der Gesellschaft Gemiedener, Gesetzloser, Unberührbarer. Er geht daher mit der gleichen Selbstverständlichkeit auf den König zu, um ihm als Hofnarr zu dienen, wie er zum Bauern geht, um Knecht zu werden. Aber beides nur für die Zeitspanne, die er für angemessen hält, denn – Sie wissen es ja schon – der Narr liebt die Veränderung. Vielleicht führt er morgen einen Bauernaufstand gegen den König, oder er heiratet die Königstochter, wer weiß.

Der klare Geist der Narren – das ist ja eigentlich ein Widerspruch, denn Verrückte sperren wir doch schließlich in Irrenhäuser und nennen sie »geistig umnachtet«. Aber »die Alten« – das sind jene Menschen einer lang zurückliegenden Zeit, die ohne technische Hilfsmittel, ohne moderne Kommunikationsmittel Wissen und Fähigkeiten hatten, die in unserer Zivilisation längst verlorengegangen sind – haben es besser gewußt:

Der Narr sieht klar und ungetrübt, denn er schert sich nicht um die Zwänge der Gesellschaft, er ist von ihnen nicht eingezwängt.

Wieder ein Grund mehr, warum der »alte« Narr verschwinden mußte. Und wieder ein Grund, warum es Narren im Unternehmen noch immer schwer haben – zum Schaden des Unternehmens.

Der Narr verkörpert den Sieg des Chaos über die Logik, den »reinen Impuls«, der weder gut noch schlecht ist.[6]

Das Chaos, das ist die kreative Schöpfung, die in unserer rechten Gehirnhälfte entsteht. Die Logik, das sind jene logischen, vernünftigen,»normalen« Gebilde, die in unserer linken Gehirnhälfte entstehen.

Und hier offenbart sich in meinem Lobpreis des Narren einer seiner Nachteile: Er versteht es nicht, diese beiden Gehirnhälften miteinander zu verbinden. Er gebiert den kreativen Gedanken, ist aber allein, ohne »logische Vernunft«, nicht imstande, ihn umzusetzen, auszuführen. Dazu braucht er die »Normalen« – oder wenigstens auch eine Verbindung zu seiner linken Gehirnhälfte. Doch die Linkshirnler brauchen ihn auch: Als Impulsgeber, als Ideenbringer, als den, der alles in Bewegung bringt.

Zusammenfassung und Abschluß

Was repräsentiert der Narr?
- Archetyp und Grundprinzip: Das unschuldige, unverdorbene Kind
- allgemein: Staunen, Offenheit, Unverdorbenheit
- Bewußtsein: Vorurteilslosigkeit, Neugier
- Ziel: Suchen, auf dem Weg sein, Veränderung
- kritisch: etwas fertigbringen, ausführen, umsetzen
- Essenz: unverdorbene Neugier, die zu neuen Strukturen führt

Die Figur des Narren in der Symbolik des Mittelalters

Die ältesten Narrendarstellungen finden sich in den illuminierten Psalterhandschriften, in denen der Narr, als Widersacher des Weisen, zusammen mit dem Teufel das Sinnbild des Antichristen darstellt.[7]

Im Mittelalter hat die christliche Kirche schon zugeschlagen: Es war vorbei mit dem freien und unbeschwerten Weg des Narren. Der anders war als das »Normale«, ist böse und daher zu vernichten. Viele Narren werden wohl als Hexen und Zauberer verbrannt worden sein, so wie sie heute als ab-normal, als gegen die Norm in Irrenhäuser gesperrt oder zumindest von der Gesellschaft ausgegrenzt werden. Manche haben es geschafft, die wenigen Rollen zu übernehmen, die dem Narren damals offenstanden. Das Erschreckende daran: Es hat sich in der langen Zeit seit dem Mittelalter nicht viel geändert!

So steht, da alle Weisheit auf das Bewußtsein der menschlichen Nichtigkeit zurückführt, dem »memento mori« des Weisen das Bekenntnis des Narren zu gottferner vergänglicher, lebensbejahender Daseinsweise gegenüber.[8]

Die Tatsache, daß »lebensbejahende Daseinsweise« als gottfern und daher als verwerflich betrachtet wird, überrascht nicht wirklich. Zieht sich doch auch dieser Gedanke bis in die heutige Zeit. Irgendwer muß einmal auf die Idee gekommen sein, daß gottgefällig leben heißt, daß man zu leiden hat. Das war und ist ein Grund mehr, sich (wenigstens einmal im Jahr) als (Faschings)Narr zu verkleiden. Dann durfte man so närrisch sein, wie man es sich sonst nicht getraut hat, denn man war ja »wer anderer«.

Einige wenige trauen es sich, närrisches Verhalten und Lebensfreude auch unverkleidet zu zeigen – und die ernsthaften, normalen und gottesfürchtigen Menschen zeigen mit Fingern auf sie. Woodstock fällt mir ein, denn damals war ich zwar schon alt genug, aber leider nicht närrisch genug, in bunten Kleidern zu tanzen. Und die Sensation der ersten »rhythmischen Messen« in der katholischen Kirche fällt mir ein: Das war der etwas eigenartige Name für die damals unerhörte Tatsache, daß in der Kirche zum Lob Gottes nicht nur würdige, ehrfürchtige Lieder gesungen wurden, sondern auch freudige.

Als Narren galten spätestens seit dem 15. Jahrhundert alle, die aufgrund abweichender Verhaltensformen – bedingt durch geistige Defekte, durch körperliche Anomalien, insbesondere aber auch durch Gleichgültigkeit gegenüber dem christlichen Glauben – dem herrschenden Normsystem nicht entsprachen.[9]

Die dem herrschenden Normensystem nicht entsprachen – das heißt also, daß immer jene die (zu verachtenden, zu ächtenden, auszugrenzenden) Narren sind, die sich den gerade geltenden Normen nicht angepaßt haben. Dieses Anpassen, »Nicht-Auffallen«, Mit-dem-Strom-Schwimmen war bis vor nicht allzulanger Zeit noch recht einfach: Normen änderten sich genauso langsam wie das Umfeld. Wenn Sie sich vor Augen halten, wie rasch sich unser Umfeld ändert, wird es klar, daß wir es heute viel leichter haben, närrisch zu sein. Denn die Normen ändern sich so rasch, daß es glücklicherweise kaum mehr möglich ist, sich erfolgreich »anzupassen«.

Der Hofnarr

Das entscheidende Konstituens des Hofnarrentums ist jedoch die Narrenfreiheit, die sie am Hofe genießen: als Weise unter der Narrenkappe, erfreuen sie sich der ungestraften Freiheit zu Kritik an dem Höherstehenden. Die Wahrheit des Narren kann toleriert werden, weil sie sich mit der Narrheit maskiert, denn der Anschein der Dummheit ermöglicht es dem Herrscher, seine Lehren aus der sonst unausgesprochenen Wahrheit zu ziehen, ohne sich beleidigt zu fühlen.[10]

Der Hofnarr war in einer Zeit der absoluten Macht der einzige, der es wagen konnte, dem Herrscher die Wahrheit zu sagen, ihm zu widersprechen, ihm einen Spiegel vorzuhalten. Seine Tarnung war die Narrenkappe. Aber eigentlich war das ja gar nicht *seine* Tarnung, sondern die Tarnung des Herrschers: Indem er es nur dem – durch Mißbildung oder Verkleidung als solchen kenntlich gemachten – Narren gestattete, ihn zu kritisieren, bewahrte er vor seinen Untertanen sein Gesicht. Und konnte dadurch – wieder ohne zu zeigen, daß er gar nicht der All-Wissende war – die Informationen und Ratschläge des Narren annehmen.

Aus dieser Gegenposition des Narren zum Herrscher entwickelt sich jedoch eine veränderte Auffassung von seiner Funktion, seine Rolle bekommt einen stärker politischen Charakter, da er immer mehr zum Berater und Informant des Herrschers wird. Und mit wachsendem Einfluß hört der Narr auf, die Gegenmacht zu ihm zu repräsentieren.[11]

Klare Schlußfolgerung für Unternehmensführer: Akzeptieren Sie die Narren in Ihrem Unternehmen, mehr noch: Machen Sie sich ihre positiven Eigenschaften zunutze, und lernen Sie von ihnen. Und wenn Sie keinen Narren haben, dann engagieren Sie einen: als Veränderungs-Manager oder ganz einfach als persönlichen Berater.

Der Faschings(Fastnachts)narr

Die Fastnacht ist ein in den kirchlichen Jahreslauf eingebun-
denes Fest, das – seitens der Obrigkeit als Ventil geduldet –
bis ins späte 14. Jahrhundert als unschuldiges Vergnügen
ohne negative Implikationen bestanden hat, später, ab dem
15. Jahrhundert, von der Kirche zunehmend diabolisiert
worden ist.[12]

Es stellt sich die Frage, warum zuerst die Möglichkeit für die
Menschen geschaffen wurde, ihre Narrheit auszuleben (in
einer für das Volk an Vergnügungen nicht gerade reichen Zeit),
und sich die Wertigkeit später zugunsten der Fastenzeit verschoben hat. An der heute so gepriesenen gesundheitsfördern-
den Wirkung des Fastens kann es nicht gelegen haben – denn
der weit überwiegende Teil der Bevölkerung hat nach unseren
Begriffen sowieso das ganze Jahr über gefastet. Vielleicht er-
schien es den Mächtigen der Kirche gefährlich, Narrheit zuzulassen in dieser Zeit – zu viele echte Narren hätten auch die
Fastenzeit überleben können!

Der Fastnachtsnarr ist nicht »natürlicher Narr«, sondern
»künstlicher Narr«, der seine Narrenrolle nur spielt, wobei
ihm die Maskierung die Auflösung der sozialen wie persönlichen Identität ermöglicht.[13]

Die Verkleidung ermöglicht es auch weniger närrischen Menschen, wenigstens einmal im Jahr närrisch zu sein – und genau
durch diese künstlich aufgesetzte Narrenkappe darauf hinzuweisen: »Ich bin ja gar kein Narr, ich tu nur so!« Die Faschings-
narren sind also keine echten Narren, denn echte Narren haben
die Verkleidung nicht nötig – es sei denn in Zeiten der Verfolgung, um ihre Echtheit zu tarnen. Sie haben es beim Hofnarren
schon gelesen – ohne Verkleidung hätte er nicht überlebt, auch
mit Verkleidung war es schon gefährlich genug für ihn, seinem
Herrscher die Meinung zu sagen.

Der Fastnachtsnarr führt eine Ausnahme- und Sonderexistenz, die von vornherein durch den Aschermittwoch terminiert ist. Der Karneval war eine Zeit der institutionalisierten Unordnung, der ritualisierten Umkehrungen.[14]

Das war vermutlich der Hintergedanke bei der Institutionalisierung der Narrheit: Das Ende war fix vorgegeben, das Ende der bunten Kleider, das Ende der Lebensfreude, das Ende des Chaos. Dadurch brauchte man keine Angst mehr vor den daraus entstehenden Veränderungen zu haben.

Der christliche Narr

Ich preise dich, Vater des Himmels und der Erde, daß Du solches den Weisen und Klugen verborgen hast, und hast es den Unmündigen geoffenbart.   Matthäus 22,25

Natürlich gibt es auch Narren im Christentum – Jesus Christus als den ersten christlichen Narren zu bezeichnen wage ich nicht, denn diese Aussage würde ein eigenes Buch nötig machen, um sie zu belegen und von Blasphemie zu befreien.

Aber hat uns Christus nicht vorgelebt, was zu tun ist? Ist er

nicht radikal gegen alte, verharzte, materialistische Strukturen
aufgetreten, hat er sich nicht immer wieder für die Ver-rückten,
aus der Norm Gerückten eingesetzt, war er nicht selbst so jenseits der Norm, daß die Römer gar nicht anders konnten, als ihn
zu kreuzigen, bevor zu viele Jünger seinen Spuren folgten? Die
Juden waren ein williges Werkzeug dafür, da hatte man wenigstens jemand, dem man die Schuld zuweisen konnte, während
man sich selbst die Hände in Unschuld gewaschen hat.

Und ganz natürlich waren seine Jünger und gerade die ersten
Christen Narren – wie sonst wären sie jemand gefolgt, der so
gegen alle Normen verstoßen hat, wie sonst hätten sie Kata-
komben, Verfolgung und Tod in Kauf genommen. Es wäre
doch viel leichter gewesen, nicht aufzufallen, sich anzupassen!

Das Menschenbild der Antike war der Weise ... Das Christentum entthronte diese Weisheit und lobte den heiligen
Narren. Diese Umwälzung hielt nicht lange an. Der christliche Narr mit seinem Hinweis auf die Übervernunft taucht
aber immer wieder auf.[15]

Leider sind die Narren in der katholischen Kirche zurückge-
drängt worden, ja scheinbar ausgestoßen, ausgestorben – obwohl ich überzeugt davon bin, daß sie nach wie vor da sind –
die Geistlichen und Laien, die lieber in Benim Leprakranke
pflegen, statt als Pfarrgemeindebeamte im Warmen zu sitzen,
diejenigen, die immer wieder neue Gedanken, neuen Schwung
in die erstarrten Strukturen bringen – und von der Amtskirche
nicht nur ignoriert, sondern sogar gemaßregelt und ausgestoßen werden.

Einige wenige Beispiele sollen hier stellvertretend stehen
für den christlichen Narren. Wer mir zuallererst einfällt, ist
Franz von Assisi, der heilige Narr, der zuerst die bürgerliche
Welt geschockt hat, indem er verweigerte, reich, wohlhabend
und angesehen zu sein – und dann die Kirche, denn er hat
sich über die Vögel, nein *mit* den Vögeln gefreut, statt im
Rahmen der »offiziellen« Kirche in prunkvolle Gewänder
gehüllt Gebete zu murmeln. Selbst die extreme Askese seiner
letzten Lebensjahre – die eben *seine* Art der Hingabe an Gott

war – wurde nicht akzeptiert, sondern als fast ketzerische Torheit abgetan.

> Und der Herr sagte mir, daß ich ein Tor sein solle in dieser Welt; er wolle uns keinen andern Weg als den Weg dieser Weisheit führen; aber Gott wird euch durch eure eigene Weisheit und Gelehrsamkeit verwirren.   Franz von Assisi

Er bestand darauf, nicht nur so besitzlos zu sein, wie der überwiegende Teil seiner Mit-Menschen damals, sondern auch noch dazu zu stehen. Verblüffenderweise hat die Kirche – offensichtlich in ihrer Verwirrung darüber – nicht rasch und radikal genug reagiert, Franziskaner gibt es noch immer. Natürlich ist man sehr rasch eingeschritten, hat ihm – nach vergeblichen Versuchen, ihn zu einem »normalen« Leben im Dienste der Kirche zu bekehren – diese närrische Armut untersagt, versucht, den Orden zu verbieten, Schriften manipuliert und verfälscht, seine Biographie verboten. Aber eigentlich hätte man diesen Narren sofort verurteilen und vernichten müssen, bevor er so viel Verwirrung stiften konnte – wie man es ja zwölf Jahrhunderte vorher erfolgreich praktiziert hatte.

Franz von Assisi soll hier stellvertretend den christlichen Narren repräsentieren. Sich mit allen anderen von Augustinus (dessen Gedanken heute zum sofortigen Entzug seiner katholischen Lehrberechtigung führen würde), Wolfram von Eschenbach (dessen »Parzival« wohl eine der ersten literarischen Verherrlichungen eines Narren ist), über Erasmus von Rotterdam (der immerhin ein »Lob der Torheit« schrieb) bis hin zu Kunstfiguren wie Don Quijote zu beschäftigen würde den Rahmen dieses Buches sprengen.

> Weniger wissen und
> mehr lieben steht höher im Kurs
> als mehr wissen und nicht lieben.
>
> Erasmus von Rotterdam
> »Lob der Torheit«

Der Narr in anderen Kulturkreisen

Du fragst mich, wie ich zum Narren wurde?

Das geschah so: Eines Tages erwachte ich aus einem tiefen Schlaf und gewahrte, daß meine Masken gestohlen worden waren. Unmaskiert rannte ich durch die Straßen und schrie: »Diebe, Diebe, die verdammten Diebe!«

Männer und Frauen lachten, einige liefen aus Angst vor mir in die Häuser. Als ich zum Marktplatz kam, rief ein Junge von einem Hausdach: »Er ist ein Narr!« Ich blickte empor, um ihn zu sehen: Da küßte die Sonne erstmals mein bloßes Antlitz, und meine Seele entflammte in Liebe zu ihr, und ich wünschte mir keine Masken mehr.

So wurde ich zum Narren. Und in meiner Narrheit fand ich Freiheit und Sicherheit: die Freiheit der Einsamkeit und die Sicherheit vor dem Verstandenwerden. Denn diejenigen, welche uns verstehen, versklaven etwas in uns.

Aber ich will nicht zu stolz sein auf meine Sicherheit. Denn auch ein Dieb ist im Kerker sicher vor einem anderen Dieb.

Khalil Gibran, »Der Narr«

Diese Geschichte über einen Sufi-Narren soll stellvertretend stehen für die vielen Narren aus den anderen Kulturkreisen.

Natürlich haben auch die Sufis, die Indianer, alle Kulturen der Welt Narren, und das Netz der Schamanen als welt- und zeitumspannende Narren überzieht die ganze Erde.

Verschiedenes über den Narren

> Weise lernen von Narren,
> Narren lernen niemals von Weisen.
>
> Cato der Ältere

Was soll der Narr denn schon vom Weisen lernen?

Er hat, was er braucht, er weiß, was er wissen muß. Jede angelernte Weisheit würde ihn nur verwirren, unsicher machen, ihm seinen Mut nehmen. Abgesehen davon, daß es für einen Narren viel zu einfach, viel zu einfältig wäre, von jemand anderem zu lernen. Er macht seine Erfahrungen im Leben, er macht seine Erfahrungen, indem er voranschreitet, weitergeht, in Neues wagemutig hineinstolpert, Gefahren ganz einfach dadurch übersteht, weil er sie nicht kennt – und er sich daher nicht fürchtet und weiche Knie bekommt.

Kann eigentlich ein Weiser von einem Narren lernen?

Wohl kaum, denn die Weisheit des Narren kann man nicht niederschreiben, nicht weitersagen. Die Weisheit des Narren kann man nur erfahren, er-leben. Vielleicht kann man diese Weisheit er-singen, weiter-singen, wie es die Aborigines tun, wenn sie ihren Kindern 40 000 Jahre Erfahrung weitergeben.

Eine Chance gibt es für einen Weisen: einen Narren kennenzulernen, der ihm den närrischen Weg zeigt, auf dem diese Erfahrungen zu machen sind, und ein Stück dieses Weges gemeinsam mit ihm zu gehen. Aber kann ein Weiser einen Narren überhaupt erkennen?

> Die Welt ist von Narren erschaffen,
> damit Weise in ihr leben können.
>
> Oscar Wilde

Stellen Sie sich bitte eine von Weisen geschaffene Welt vor, in der alles seine Ordnung hat, alles am »richtigen« Platz ist, alles logisch abläuft. Stellen Sie sich diese Welt ohne krumme Linien, ohne kreatives Chaos, ohne alle diese »unnötigen« Dinge wie Kunst, Musik, gutes Essen! Zum Glück gibt es genug Narren, die diese geraden Linien durchbrechen.

Zusammenfassung

Zum Abschluß meine eigene Interpretation des Narren:

Der Anfang und das Ende – Symbol eines zyklischen, Endelosen Prozesses. Wo ist der Anfang eines Kreises? Wo sein Ende?

Furchtlosigkeit – nicht als Leichtsinn, nicht als Blindheit, sondern durch das Vertrauen auf die eigene Intuition, die zum Ziel führt. Egal, ob da ein Abgrund ist oder nicht.

Das Narrenkleid ist bunt, um die Gegner zu täuschen und irrezuführen. Wer vermutet denn hinter so einem närrischen Äußeren zielsicheres Vorgehen? Wenn er in dunklem Flanell, mit weißem Hemd und dezenter Krawatte auftreten würde, käme man ihm schneller auf die Schliche!

Der Narr ist der Joker aus dem Kartenspiel – immer dann einsetzbar, wenn die passende Karte nicht zur Hand ist, furchtlos, für jedes Thema, jedes Projekt verwendbar – immer passend und richtig am Platz.

Zum Abschluß

Lesen Sie Märchen? Entschuldigung – Sie sind natürlich viel zu beschäftigt dazu, und wenn Sie was lesen, dann Managementliteratur. Aber Sie haben irgendwann einmal Märchen gelesen, oder sie wurden Ihnen vorgelesen. Und Sie sollten sie wiederlesen. Es gibt sie auch in »moderner« Übersetzung.

Erinnern Sie sich noch an das Märchen von den drei Brüdern? Ein König hatte drei Söhne, und als er sehr krank wurde, bat er sie, ihm das Kraut des Lebens zu holen. Die beiden ältesten – die natürlich groß, klug, stark und angesehen waren – sattelten sofort ihre Pferde. Und der Vater rechnete mit ihrer Hilfe. Sie brachten das Kraut aber nicht. Das Kraut holte der Jüngste, der mißratene Sohn, von dem man schon immer sagte, er sei zu versponnen und verträumt und dumm, um irgend etwas Nützliches fertigzubringen, und außerdem irgendwie verrückt.

Sie finden einen ähnlichen Inhalt in unzähligen Märchen der Welt – die Lösung, den rettenden Gedanken bringt nicht der Klügste, der Reichste, der Schönste, sondern – Sie haben es erraten – der Narr.

Kadenz:
Was geschieht, wenn nichts geschieht?

Übung zur Vorbereitung

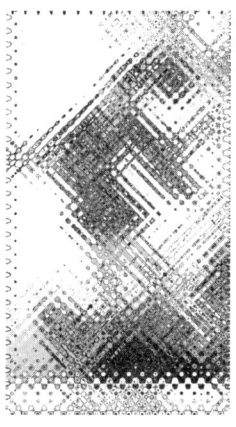

All
that you see and seem
is but a dream
within a dream.

E. A. Poe

Haben Sie schon einmal darüber nachgedacht, wie *wirklich* die Wirklichkeit um Sie herum tatsächlich ist? – Natürlich, Sie haben Paul Watzlawik gelesen, Sie kennen selbstverständlich

diese Theorien, »Jeder macht sich seine Wirklichkeit selbst«.
Aber haben Sie wirklich schon einmal darüber nachgedacht?

Zwei Beispiele, Fingerzeige, Erklärungsversuche zu diesem
heiklen Thema:

Erstes Beispiel

Die von mir wegen ihrer les-baren, erfahr-baren, nachleb-ba-
ren Bücher zum Thema Kreativität und Kommunikation sehr
geschätzte Vera Birkenbihl brachte in einer Fernsehsendung
(der Sender verzeihe mir, daß ich ihn vergessen habe) ein gleichermaßen faszinierend einfaches wie präzises Beispiel dafür
(sehr frei zitiert):
»Stellen Sie sich vor, in einem Wald, in dem sich weder
Menschen noch Tiere, also kein Lebewesen befindet, fällt ein
Baum um. Macht dieser Baum dann Lärm?«
Bitte nachdenken!
»Dieser Baum setzt die Luft in Bewegung, in Schwingungen
– wenn diese Schwingungen auf kein Hörorgan treffen, sind sie
einfach bewegte Luft. Der Krach entsteht also nur durch unser
Ohr, ist also *unsere* Wirklichkeit, nicht *die* Wirklichkeit.«

Zweites Beispiel

> Was wir uns nicht vorstellen können,
> können wir auch nicht erreichen,
> in der Realität manifestieren.
>
> Eva Ulmer-Janes[16]

Ich wurde auf dieses zweite Beispiel nicht etwa in einem Buch
über Experimentalphysik aufmerksam, sondern im närrischen
Buch »Magie ist keine Hexerei« von Eva Ulmer-Janes, mit der
mich – obwohl ich sie nur einmal in meinem Leben kurz gesehen habe – ein seltsames Band verbindet.
Physiker – sie mögen mir diesen sehr unwissenschaftlichen

Absatz verzeihen – haben jahrelang (jahrzehntelang?) darüber gestritten, ob bestimmte kleinste »Teilchen« der Materie aus Materie oder aus Energie bestehen. Des Rätsels Lösung: Je nach der Anordnung der Versuche zur Erkennung dieser »Teilchen« erscheinen sie als Materie oder Energie, als »begreifbare« feste Masse oder als »un-begreifbare« Schwingung. Die Versuchsanordnung bestimmt also das – in beiden Fällen richtige – Ergebnis, jener Wissenschaftler, der Materie finden will, findet Materie, jener Wissenschaftler, der Energie finden will, findet Energie.

Über diese Beispiele sollten Sie nachdenken, und auch über die Tatsache, daß *die* Wirklichkeit eigentlich *unsere* Wirklichkeit, *Ihre* Wirklichkeit ist – und Sie keinerlei Anspruch darauf haben, daß diese *Ihre* Wirklichkeit von *Anderen* genauso gesehen wird. Eines der Hauptprobleme für die Kommunikation – mehr davon später.

> Was wir beobachten,
> ist nicht die Natur selbst,
> sondern die Natur,
> wie wir sie beobachten.
>
> Werner Heisenberg

Übung

Eine einfache Übung – und gleichzeitig eine der schwierigsten überhaupt. Eine Übung zum Wahr-nehmen, zum An-nehmen der eigenen, ganz persönlichen Wirklichkeit.

Kaufen Sie sich eine CD, vielleicht eines der im Anhang erwähnten Musikbeispiele, aber wählen Sie eines der Stücke aus, das Sie nicht kennen, noch nie gehört haben (das geht natürlich auch mit anderen CDs, deren Stücke keine »vorgefertigten« Assoziationen in Ihnen auslösen).

Legen Sie diese CD ein, und setzen Sie sich hin – wie, das überlasse ich ganz Ihnen, am einfachsten auf die Vorderkante eines gepolsterten Sessels, den Rücken frei, die Beine gekreuzt, die Hände mit den Handflächen nach oben ineinandergelegt, den Kopf nach vorne geneigt, so frei und entspannt wie nur möglich.

Und dann schließen Sie die Augen und tun NICHTS,
lassen alles geschehen,
was passiert,
lassen alle Gedanken kommen und gehen,
so wie sie kommen und gehen,
lassen alle Gedanken dableiben,
so wie sie dableiben wollen,
hören auf die Musik
oder auch nicht,
und nehmen alles an,
was geschieht.
Was geschieht,
wenn nichts geschieht?

Und wenn es für Sie richtig ist, öffnen Sie die Augen, strecken sich und denken darüber nach, wie es Ihnen bei dieser Übung gegangen ist, welche Empfindungen Sie hatten, wie lange Sie so gesessen sind. Und wie oft es in der Vergangenheit schon vorgekommen ist, daß Sie eine Weile *einfach nichts* getan haben.

Variante für Fortgeschrittene

Ein Kollege von mir (vorbelastet durch seine närrische Neben-beschäftigung als Yoga-Lehrer) hat mich entrüstet darauf aufmerksam gemacht, daß es nicht stimmt, daß bei meiner Art der Übungsanleitung *nichts* geschieht — es spielt doch Musik. Er hat natürlich recht – die Musik ist in diesem Fall eine Krücke, um es jenen unter Ihnen, die normalerweise nicht stillsitzen und nichts tun, etwas einfacher zu machen, diese Übung durchzuführen.

Um auch Fortgeschrittene zufriedenzustellen: Führen Sie diese Übung ohne Musik durch. In diesem Fall halten Sie die Augen halb geöffnet, den Blick etwa einen Meter vor Ihnen auf den Boden gerichtet und brechen die Übung ab, wenn es für Sie richtig ist. Geräusche der »Außenwelt«, die Sie in diesem Zeitraum hören, sollten Sie nicht als Störung empfinden, sondern einfach annehmen, so wie sie sind, und in sich hineinspüren, was sie alles in Ihnen auslösen.

Durch Nicht-Handeln
ist alles getan.

Lao-Tse
»Tao Te King«

Hauptthema
Leistungssteigerung im Unternehmen

Wenn Du ein Schiff bauen willst,
so trommle nicht Männer zusammen,
die Holz beschaffen,
Werkzeuge vorbereiten,
Aufgaben vergeben und Arbeit einteilen,
sondern lehre die Männer
die Sehnsucht nach der großen, weiten Welt.

A. de Saint-Exupéry

Die sechs Stufen der Leistungssteigerung

Der Ablauf eines Projektes zur Leistungssteigerung im Unternehmen teilt sich in sechs Stufen auf, deren Bedeutung und Gewichtung je nach Anlaßfall und Unternehmen unterschiedlich sind. Diese Stufen finden Sie in ähnlicher Form in vielen Fachbüchern, in vielen Methoden von Unternehmensberatern – meine Bezeichnungen sind hoffentlich närrischer:

Die Erneuerung ermöglichen

Die Veränderung verwirklichen

Neugestaltung und Neubeginn

Den Ausgangspunkt feststellen

Den Fluß in Bewegung bringen

Das Ziel des Weges definieren

Diese Stufen müssen in jedem Projekt durchschritten werden, mit darauf abgestimmter Intensität und dem dafür notwendigen Zeitaufwand. Lassen Sie eine dieser Stufen weg, ohne auch nur darüber nachzudenken, wie wichtig sie gerade für *Ihr* Projekt und *Ihr* Unternehmen ist, gefährden Sie den Erfolg dessen, was Sie vorhaben.

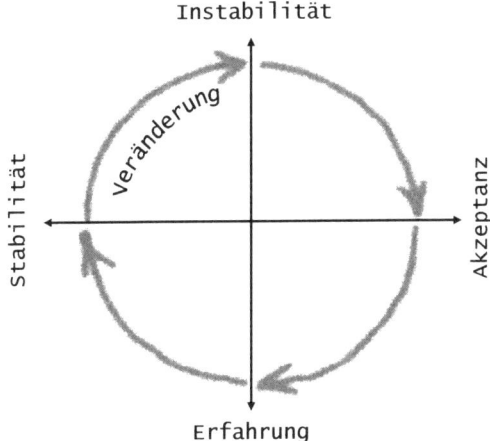

Leistungssteigerung als zyklischer Prozeß

Jede Leistungssteigerung, ja jede Veränderung im Unternehmen durchläuft einen zyklischen Prozeß aus der Stabilität über die durch Kreativität ausgelöste Instabilität in Akzeptanz und Erfahrung und damit wieder in die Stabilität – dort beginnt der Kreislauf von neuem.

Dieser Kreislauf birgt eine große Gefahr in sich:

Die Angst

Es ist ganz natürlich, ein Teil unserer Ur-Instinkte, daß jede Veränderung spontan, instinktiv Verunsicherung und Angst auslöst. Jeder einzelne hat die Freiheit, mit dieser Ur-Angst umzugehen:

- die Veränderung zu ignorieren und abzuwarten, was passiert;
- die neue Situation zu überprüfen und anzunehmen;
- Maßnahmen zu setzen, um mit der neuen Situation zurechtzukommen;

- in Panik – und wenn es sein muß gewaltsam – die alte Ordnung wiederherzustellen:

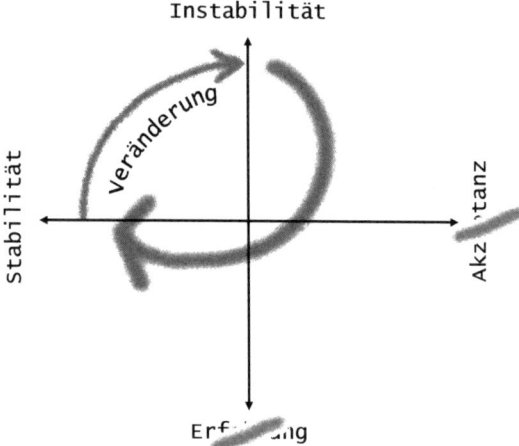

Die letzte Option ist – leider – ein sehr »natürliches« Verhalten. Das haben wir irgendwann einmal gelernt, als wir noch in Höhlen gelebt haben: Wenn sich irgend etwas an unserer Umwelt verändert, wenn irgend etwas nicht so ist, wie »es zu sein hat«, dann heißt das »Gefahr«.

Wenn Sie sich diesen oben beschriebenen Veränderungskreislauf dreidimensional vorstellen, kommen Sie dahinter, daß es sich in Wirklichkeit um eine Spirale handelt:

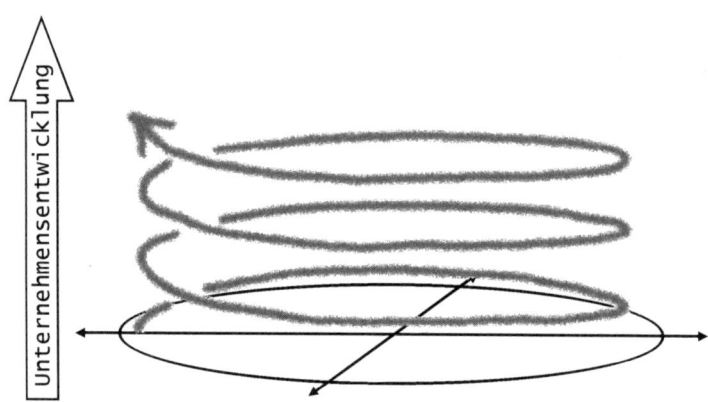

Jeder abgeschlossene Kreislauf, jede neu gewonnene Erfahrung hebt das Unternehmen (oder den Mitarbeiter im Unternehmen) auf eine neue Entwicklungsstufe. Wenn wir das Gleichnis mit der Höhle nehmen, war derjenige, der sich nicht angstgeschüttelt sich in der Ecke zusammengedrängt hatte, als es mitten in der Nacht vor der Höhle plötzlich hell wurde, jener, welcher sein Steak zum ersten Mal gebraten essen konnte, auch wenn die anderen ihn einen Steinzeitnarren genannt haben!

Und genau da sehen Sie die Fatalität dieser Angstreaktion: Wird die Veränderung (oder deren Auswirkung) gewaltsam verhindert, kehrt das Unternehmen (der Mitarbeiter) wieder an den Ausgangspunkt zurück, in die scheinbare Sicherheit der »alten Ordnung« – und aus der Spirale wird ein Kreislauf auf gleicher Ebene, ohne Weiterentwicklung. Was das für den Bestand eines Unternehmens heißt, habe ich weiter vorne schon beschrieben.

Stagnation

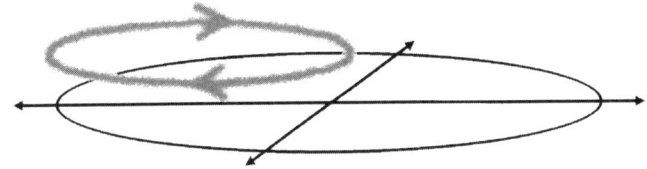

Ein Mann,
der Herrn K. lange nicht gesehen hatte,
begrüßte ihn mit den Worten:
»Sie haben sich gar nicht verändert!«
»Oh« sagte Herr K. und erbleichte.

Bertolt Brecht
»Geschichten über Herrn K.«

Betrachtungen über
den furchtlosen Narren

> Gescheite Leute sind selten mutig.
> Sie sind vorsichtig und maßvoll,
> also eigentlich feige.
> Wirklichen Mut haben nur die Narren.
>
> Ferdinando Galiani

Der *echte* Narr ist furchtlos, nicht weil er sich unbesiegbar oder gar unverwundbar zu wissen glaubt (also nicht aus Überheblichkeit), sondern weil er die Furcht gar nicht kennt. Er kennt also aus irgendeiner glücklichen Fügung heraus diese Urangst vor der Veränderung, vor allem Neuen nicht – und schreitet daher ohne zu zögern auf den Abgrund, das Hindernis, die Gefahr zu. Er kennt den Abgrund nicht, er weiß nur, daß er auf dem richtigen Weg ist und sein Ziel erreichen wird.

Angst – Sie haben es in diesem Kapitel schon erfahren – ist das größte Hindernis am Weg in die Veränderung. Angst ist jener Faktor, der uns daran hindert, in Bewegung zu kommen. Sie kennen doch alle die Redensart: »Der ist vor Angst gelähmt.«

Ein beliebter Begriff in der Unternehmensberatung ist die »Burning Platform«. In aller Kürze: Wenn die Ölplattform brennt, springt auch der Feige ins Wasser. Das soll ausdrücken, daß der wirksamste Weg, einen Menschen in Bewegung zu bringen, ist, seine »Plattform« in Brand zu setzen, so daß die Angst vor dem Verbrennen größer wird als die Angst vor dem kalten Wasser. Es heißt auch, daß diese Menschen ihren bisher so sicheren Zustand unter dem Druck der Gefahr verlassen und sich der Ungewißheit von Veränderung aussetzen – weder freiwillig, noch aus Überzeugung, sondern zwangsweise, sozusagen das »notwendige Übel« wählend. Der Unternehmer als Brandstifter sozusagen, der sein Schiff anzündet, um den Menschen darauf Schwimmen beizubringen. Ein etwas grausiger Gedanke.

Sicher, in extremen Situationen wird wohl so mancher seine Angst vergessen haben und ins kalte Wasser gesprungen sein. Aber das kann doch wohl nicht die einzige, beste Methode sein, um schwimmen zu lernen.

Der Narr kennt die Angst vor Veränderung nicht. Ein sehr frei übersetztes Zitat aus einem Tarot-Buch:

Mit leichtem Schritt, als würde die Erde und ihre Beschränkungen kaum Kraft haben, ihn daran zu hindern: Ein junger Mann in ungewöhnlicher Kleidung rastet am Rande eines Abgrundes. Er überblickt die Strecke, die vor ihm liegt, beachtet jedoch mehr die blaue Ferne über sich als den nahen Abgrund. Dieser ungewisse Abgrund, der sich hinter der Klippe verbirgt, macht ihm keine Angst – sein Bewußtsein ist erfüllt von erwartungsvollen Träumen. Die Sonne hinter ihm weiß, woher er gekommen ist, wohin er geht und auf welchem Weg er wieder zurückkehren wird.[17]

Der Narr läßt sich also durch irgendwelche Beschränkungen, die aus seiner momentanen Situation entstehen, nicht von seinem Weg abhalten. Er weiß, daß er diesen Weg gehen *will* – daher weiß er auch, daß er *fähig* ist, diesen Weg zu gehen. Und genau diese Sehnsucht ist es, die ihn dazu befähigt. An die Stelle der »Burning Platform« ist daher das »Burning Desire« getreten, die brennende Sehnsucht, die ihn auf seinem Weg vorantreibt und die Angst vergessen läßt.

Die kindliche Unschuld spiegelt sich in verschiedenen Aspekten wider: in seinem offenen Blick zum Himmel, in seiner unbewußten Benutzung des Zauberstabes und in seinem unbekümmerten Voranschreiten auf den Abgrund zu.[18]

Unser furchtloser Narr hat uns eines voraus – seine Kindlichkeit! Er ist unbelastet von Vorurteilen, unbelastet von schlechten Erfahrungen. Und er hat neben seiner unschuldigen Begeisterung – die allein vielleicht doch nicht ausreicht – in seinem Stock (mag sein, daß das sogar ein Zauberstab ist!) auch das richtige Werkzeug, um seinen Weg zu gehen.

Kinder bis zum Alter von ca. vier Jahren befinden sich im Wachzustand in einem Bereich des Bewußtseins, den westlich zivilisierte Erwachsene nur mehr im Tiefschlaf oder in tiefer Meditation erreichen.[19]

Und genau das ist der Grund, warum sich Unternehmer und Manager, die allein die unschuldige Sehnsucht nicht aufbringen, welche nötig ist, um ein Narr zu werden, wenigstens einen Narren als Ratgeber halten sollten.

Ich möchte lieber einen Narren halten, der mich lustig machte, als Erfahrung, die mich traurig macht.

William Shakespeare, »Wie es Euch gefällt«

Damit sind wir beim mittelalterlichen Hofnarren. Er war sozusagen der einzige von den Narren, der »offiziell« überlebt hat. Denn ordentliche, erwachsene Menschen haben nicht nur Angst vor der Unordnung, sondern auch Angst vor allen, die anders sind. So kam dann unter der »ordnenden« Macht des Christentums der Narr in Verruf, wurde sogar aus dem Tarot verbannt und auf den (scheinbar) harmlosen Joker reduziert.

Aber immerhin, der Narr aus dem Tarot, der echte, ursprüngliche Narr hat wenigstens in dieser Form überlebt!

Kadenz: Plädoyer für den Hofnarren

> Der Mutige erschrickt *nach* der Gefahr,
> der Furchtsame *vor* ihr,
> der Feige in ihr.
>
> Jean Paul
> »Bemerkungen über uns närrische Menschen«

> Jeder Narr kann die Wahrheit sagen, aber nur ein verhältnis-
> mäßig intelligenter kann gut lügen.   Samuel Butler

Warum glauben Sie, haben sich Könige Hofnarren gehalten? Nicht zur Belustigung, sondern aus einem einzigen Grund: Sie wollten die Wahrheit erfahren! Kein Untertan eines absoluten Herrschers (kein Mitarbeiter eines autoritären Managers) wird es wagen, ihm die Wahrheit zu sagen, wenigstens nicht dann, wenn es ihm schaden könnte. Wie sollten sie ohne Hofnarren erfahren, was das Volk wirklich dachte? Nicht etwa, daß diese Herrscher dem Volk die Wünsche erfüllen wollten, sie wollten nur gewarnt sein, wollten wissen, wie weit sie noch gehen konnten, ohne eine Revolution auszulösen.

Mein Rat an alle Manager und »Unternehmensherrscher«: Halten Sie sich einen Hofnarren, eines jener seltenen mutigen Wesen, das mit Ihnen auch über unangenehme Dinge spricht,

eines jener seltenen Wesen, das Sie für jeden Un-Sinn einsetzen können. Nennen Sie ihn nicht Hofnarr, sondern vielleicht Joker oder noch besser Veränderungsmanager. Aber
vorsichtig müssen Sie schon sein: Dieser Hofnarr weiß mehr
als Sie selbst über Ihr Unternehmen, dieser Hofnarr kennt die
wirklichen Probleme.

Immer schon hatten die Narren am Sockel des Throns gesess-
sen. Deshalb sahen sie auch als erste, wenn er zu wackeln an-
fing.   S.J. Lec

Thema 1
Das Ziel des Weges finden

Betrachtungen über den Ziel-sicheren Narren

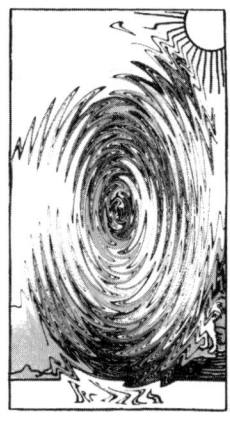

Ihnen fehlte nichts.
Sie wußten, wohin sie gingen.

Bruce Chatwin
»Traumpfade«

Im Tarot ist der Narr die Karte null – also die erste Karte – und gleichzeitig auch die letzte, also die 22. Karte der großen Arkana.

Der Narr ist der Anfang.

Von ihm geht alles aus – jeder kreative Prozeß, jeder erste Schritt zur Veränderung, jede »Initialzündung«. Er denkt nicht darüber nach, daß er Unordnung, ja vielleicht Chaos auslöst, er *weiß*, daß es nur diesen Weg geben kann, er weiß, daß er ihn beschreiten muß. Genau deshalb schaut er nicht hinunter, sondern hinauf und nach vorne. Genau deswegen fürchtet er sich nicht vor dem Abgrund, vor den Hindernissen des Weges – er kennt das Ziel, und damit kennt er den Weg und braucht ihn nicht zu fürchten.

Mehr noch:

Der Narr ist der Ursprung.

Ich gehe darüber hinaus – die Null ist mehr als die erste Karte, sie ist die Basis für alle anderen. So bildet der Narr die Grundlage des kreativen Seins, auf der sich alles entwickeln kann – und ist in jeder anderen Karte, in jeder anderen Symbolik enthalten.

Der Narr ist das Ende.

Der Narr schließt den Kreislauf wieder, nicht nur im Tarot. Er geht durch den Kreislauf der Veränderung aus seinem natürlichen, inneren Wissen heraus, daß es notwendig ist, ihn zu gehen – lebensnotwendig, über-lebensnotwendig. Auf diese Weise überlebt der Narr jeden Herrscher, jeden Magier, jeden Hohenpriester – sie alle brauchen Hilfsmittel, um zu bestehen, um das Ziel zu erreichen, er braucht nur *sich* und sein Bewußtsein.

Aufgabenstellung

Um Ihr Ziel zu erreichen, müssen Sie es kennen!

Viele Ansätze zur Leistungssteigerung und zu Veränderungen im Unternehmen scheitern aus einem ganz banalen Grund: Im Drang, »doch endlich etwas zu tun«, wird darauf vergessen, das Ziel zu definieren. Nicht immer nur aus Ungeduld, manchmal auch aus der einfachen Tatsache heraus, daß man glaubt, das Ziel dieses Verbesserungsprojektes, ja das Ziel des ganzen Unternehmens zu kennen. Es ist unschwer zu erraten, daß ein noch so schneller Läufer das Ziel nie erreichen wird, wenn er am Start nicht exakt weiß, in welcher Richtung es liegt!

Am Beginn jedes Projektes zur Leistungssteigerung im Unternehmen müssen daher die Fragen stehen:

- Ist das strategische Unternehmensziel klar definiert?
- Ist das Ziel dieses Projektes klar definiert?
- Ist das Erreichen des Ziels dieses Projektes ein klarer Schritt näher zum Ziel des Unternehmens?

In *keinem* Veränderungsprojekt darf diese erste Phase fehlen – egal, wie kurz sie auch ist. Zielloses Vorgehen führt zu Verirrungen, Verirrungen kosten Geld, verunsichern die Mitarbeiter, gefährden das Projekt.

Vorgangsweise

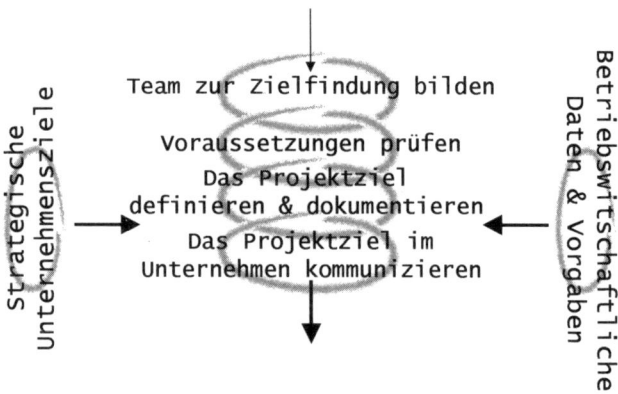

Der Fokus eines Projektes zur Leistungssteigerung läßt sich als dreiteiliger, eng verbundener Zusammenhang der Leistungsfaktoren darstellen:

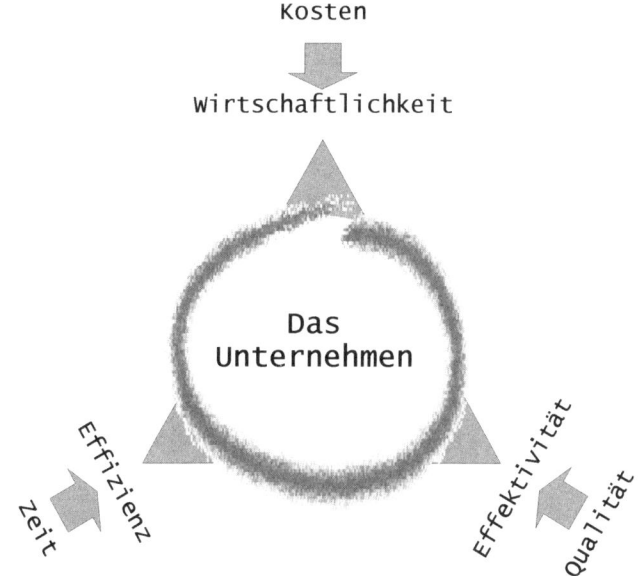

Kosten und Wirtschaftlichkeit

Der Faktor wird in den seltensten Fällen außer acht gelassen. Bitte beachten Sie aber, daß unter Kosten nicht ausschließlich die Personalkosten gesehen werden dürfen – auch wenn sie einen wesentlichen Kostenfaktor im Unternehmen darstellen.

Wie groß die Möglichkeiten sind, die Kosten im Unternehmen zu reduzieren, hängt ab

• von der historischen Entwicklung des Unternehmens;
Ein über Jahre organisch gewachsenes Unternehmen hat durch Sonderregelungen, »ersessene« Rechte der Mitarbeiter und Kosten generierende »Gewohnheiten« einiges angesammelt, was im Rahmen eines Leistungssteigerungsprojektes in Frage gestellt, diskutiert und gegebenenfalls im Sinne einer Kostensenkung abgebaut werden muß. Auch das muß natürlich mit

Rücksicht auf die im Unternehmen arbeitenden Menschen geschehen – ein Mitarbeiter, der über Jahrzehnte auf einen Teil
seines Gehaltes zugunsten freiwilliger Sozialleistungen ver-
zichtet hat, wird anders auf deren Reduktion reagieren wie ein
gerade neu eingetretener.

Aber eines gilt auch hier:
»Gewohnheiten« müssen im Rahmen eines Leistungssteige-
rungprojektes in Frage gestellt werden!

• vom wirtschaftlichen Ergebnis der letzten Jahre;
In wirtschaftlich erfolgreichen Unternehmen, die womöglich
noch in mehr oder weniger geschützten Märkten operieren,
wird es sehr leicht sein, Kosten zu finden, die eingespart werden können. Geld war immer da, da die Marktentwicklung ab-
sehbar und kalkulierbar war. So wurde auch für vieles Geld
ausgegeben, ohne dessen Sinn lange zu hinterfragen. Man ist
einfach nicht gewohnt, Kosten zu sparen – und man »hat es
nicht notwendig«. Viele Unternehmen, viele Branchen haben
zu spät erkannt, daß auch stabile, gleichsam geschützte Märkte
eines Tages aufbrechen können – denken Sie nur an die Priva-
tisierung von einstmals staatlichen Dienstleistungen.

Wer sich bereits am Ziel seines Weges glaubt, wer vergißt,
daß er auch für Erneuerung zu sorgen hat, würde am Anfang
seines Weges stehenbleiben und das Ziel vergessen.

Ganz anders werden Unternehmen reagieren, die in dynamischen Märkten mit extrem rascher technologischer Entwicklung aktiv sind – hier ist notwendigerweise das Bewußtsein da, daß alles, was an Kosten eingespart wird, zum weiteren
Wachstum des Unternehmens und zur Eroberung neuer
Märkte und Kunden eingesetzt werden kann, und damit den
Unternehmenserfolg nicht nur sichert, sondern das Überleben
überhaupt erst möglich macht. Diese Unternehmen werden
auch nicht auf die Idee kommen, Personal zur Kostenreduktion
abzubauen – von kuriosen, fast schon perversen Sonderfällen
wie dem im Kapitel »Einklang« geschilderten abgesehen.

Unternehmen, die in einer – vielleicht sogar schon länger
andauernden – Krise stecken, sehen natürlich die Notwendigkeit, radikal Kosten zu sparen. Wenn klar wird, daß das Unter-

nehmen bei gleichbleibender Talfahrt das nächste Jahr nicht überleben wird, dann sind *alle* Mittel gerechtfertigt, und dann befürworte sogar ich radikalen Personalabbau (als leider allein wirksames Mittel, kurzfristig Kosten einzusparen). Besser, 70% der Arbeitsplätze werden erhalten, als daß alle verlorengehen – so brutal das auch für die Mitarbeiter sein wird, die von den Kündigungen betroffen sind.

• von der Unternehmenskultur;
Die Aussage »Das haben wir doch immer schon so gemacht, das kann doch nicht schlecht sein« ist extrem kontraproduktiv für jedes Leistungssteigerungsprojekt. Ist diese Aussage typisch für die in einem Unternehmen herrschende Kultur, werden Leistungssteigerungsprojekte nur gegen den beharrlichen Widerstand von Mitarbeitern und Betriebsrat durchgesetzt und durchgeführt werden können, für die Reduktion von Kosten (die ja sehr oft den Abbau von Annehmlichkeiten und erworbenen Rechten bedeutet) wird wenig bis kein Verständnis aufgebracht werden.

Hat das Unternehmen eine offene, dynamische Kultur, wird es viel leichter sein, Kostensenkungsmaßnahmen zu diskutieren und gemeinsam mit den Mitarbeitern zu beschließen. Daß dadurch die Erfolgswahrscheinlichkeit für das Projekt steigt; ist wohl klar.

Effektivität

Die Effektivität Ihres Unternehmens und seiner Prozesse wird dadurch beeinflußt, daß Sie sich damit beschäftigen, *was* getan wird.

Dieses *was* ist besonders aus Kundensicht wichtig – denn dem Kunden ist es ziemlich egal, wie Ihre Kostenstruktur aussieht (einen überhöhten Preis für Ihr Produkt oder Ihre Dienstleistung ist er sowieso nicht zu zahlen bereit). Es ist ihm auch weitgehend egal, wie effizient Ihr Unternehmen seine Leistung erbringt, auch ständige Lieferverzögerungen wird er nicht akzeptieren.

Das bedeutet: Wenn Ihr Unternehmen mit mangelnder Effektivität arbeitet, wird

• die Qualität Ihrer Produkte sinken (auch hier ist allein das *was* ausschlaggebend);

• Ihre Fähigkeit, die Wünsche des Kunden zu befriedigen, bald nicht mehr vorhanden sein;

• Ihr Unternehmen in letzter Konsequenz keine Kunden mehr haben und vom Markt verschwinden!

Zum Thema Effektivität gehört untrennbar auch das Thema Wertschöpfung. Es gibt eine sehr einfache Methode, die Wertschöpfung der Aktivitäten im Unternehmen zu bewerten – versetzen Sie sich in die Lage Ihres Kunden: Alle jene Aktivitäten, für die der Kunde nicht bereit ist, zusätzlich Geld zu bezahlen, sind aus strikter Kundensicht nicht-wertschöpfende Aktivitäten, bringen dem Kunden keinen Mehr-Wert. Logischerweise zahlt er nichts dafür, logischerweise sind diese nicht-wertschöpfenden Aktivitäten ein schwaches Argument in der Preisverhandlung.

Diese Betrachtungsweise ist brutal, aber wirksam. Sie werden merken, daß einerseits Aktivitäten, die wir als ganz natürlichen Bestandteil unseres Tagesablaufes ansehen, überhaupt nicht wertschöpfend sind: interne Besprechungen etwa, das Lösen von Problemen, die Kontrolle des Ergebnisses von Arbeiten, die andere durchgeführt haben, die mehrfache Ablage desselben Dokumentes, die mehrfache Eingabe derselben Daten – es gibt sehr viele Beispiele dafür.

Machen Sie aus den (üblicherweise gehaßten) internen Besprechungen Kommunikationsprozesse, die mit moderner Informationstechnologie sehr oft ohne persönliche Anwesenheit mehrerer gut bezahlter Mitarbeiter im selben Raum in Bewegung gebracht werden. Und akzeptieren Sie, daß Ihre Mitarbeiter einen Teil der so gewonnenen Zeit vor dem Kaffeeautomaten oder in der Kantine verbringen – das ist zwar auch nicht wertschöpfend, erhöht aber die Zufriedenheit der Mitarbeiter, und fördert außerdem die Kommunikation.

Lösen Sie keine Probleme, sondern erzeugen Sie sie erst gar nicht. Sie glauben nicht, wieviel Zeit dadurch verlorengeht, daß völlig unnötig Probleme mit hohem Zeitaufwand erzeugt werden, um sie nachher wieder brillant lösen zu können (das gilt für alle Unternehmensebenen).

Hierzu ein extremes Beispiel: Ich wurde bei einem Kunden im Rahmen eines Projektes zur Prozeßoptimierung damit konfrontiert, daß in der Verwaltung eine Vielzahl von Excel-Tabellen geführt wurden – mit redundanten Daten und teilweise ähnlichen Aussagen. Die Antwort auf meine Frage, warum denn diese Tabellen nicht verknüpft wurden, hat mich erschüttert: »So sehen wir, wenn wir Fehler bei der Eingabe gemacht haben – nämlich dann, wenn wir verschiedene Resultate erhalten.« Fehler werden also provoziert, um sie nachher ausbessern zu können! Und das war kein Kleinbetrieb, sondern ein namhaftes und (trotzdem) erfolgreiches Unternehmen.

Dasselbe gilt für Kontrolltätigkeiten. Natürlich kann man nicht voraussetzen, daß keine Fehler passieren – zwei Dinge können aber getan werden: Sie können die Qualität der Arbeit durch geeignete Maßnahmen steigern (das Qualitätshandbuch, das ungelesen beim Qualitätsbeauftragten liegt, gehört selten dazu!), und Sie können darüber nachdenken, wieviel die durch den Wegfall der Kontrollen nicht entdeckten Fehler im schlimmsten Fall kosten können. Völlig klar – es muß eine Endkontrolle Ihrer Produkte geben, denn wenn hier Fehler passieren, verlieren Sie Kunden. Aber muß es etwa die (teilweise mehrfache) Kontrolle von Reisekostenabrechnungen geben, wenn Erfahrungswerte zeigen, daß die gefundenen Fehler pro Reisekostenabrechnung im Schnitt unter 50 Euro liegen?

Und noch etwas: Mitarbeiter in Führungsfunktionen, deren Zeit vorwiegend mit Kontrollen ausgefüllt ist, werden nicht mehr führen können – aus Zeitmangel!

Zum Schluß dieses Abschnittes über die Wertschöpfung von Aktivitäten möchte ich eine Ausnahme anführen: Natürlich *muß* es im Unternehmen neben den wertschöpfenden Aktivitäten auch werterhaltende Aktivitäten geben. Dazu gehören viele Support-Aktivitäten der Verwaltung, dazu gehören die oben schon erwähnten Qualitätskontrollen – und dazu gehören alle Aktivitäten, die zur Verbesserung der Kommunikation und des Unternehmensklimas beitragen.

Effizienz

Die Effizienz Ihres Unternehmens und seiner Prozesse wird dadurch beeinflußt, *wie* in Ihrem Unternehmen Prozesse und Aktivitäten durchgeführt werden.

Und genau deswegen steht die Effizienz *hinter* der Effektivität: Wenn es falsch ist, *was* sie tun, dann nützt es auch nichts, wenn Sie es mit großer Effizienz tun – ganz im Gegenteil. Denn die brillante Abwicklung sachlich falscher Prozesse wird oft darüber hinwegtäuschen, daß sie Geld kosten.

Folgende Faktoren beeinflussen die Effizienz Ihrer Prozesse:
• die Zeit, in der sie abgewickelt werden;
• die reibungslose Kommunikation im Prozeß und zu den damit verbundenen Prozessen bzw. den Menschen im Unternehmen, die sie durchführen;
• der Wille der Mitarbeiter, auf möglichst einfachem Weg zum Ziel zu kommen, ohne vortäuschen zu müssen, »wie kompliziert denn alles ist« – und damit sind wir schon wieder bei der Unternehmenskultur.

Das Zusammenspiel der Faktoren Kosten, Effektivität und Effizienz

Das Chart am Beginn dieses Kapitels hat es Ihnen schon deutlich gemacht: Diese drei Faktoren hängen natürlich eng zusammen.

Reduziere ich die Kosten ohne Rücksicht auf die daraus entstehenden Folgen, kann etwa durch Wegfall von Supportprozessen die Effizienz radikal sinken oder durch Kündigung von Mitarbeitern das Unternehmensklima sehr frostig werden.

Beachte ich nur das *was*, also die Effektivität, kann durch mangelnde Effizienz ein hoher ungerechtfertigter Zeitaufwand entstehen – und dadurch zusätzliche Kosten, oder für das Unternehmen über-lebenswichtige, werterhaltende Funktionen gibt es nicht mehr.

Steigere ich die Effizienz meiner Prozesse, so reduziere ich auch die Kosten oder kann die so gewonnene Zeit zur Erschließung neuer Märkte einsetzen.

Der Fokus Ihres Projektes kann und darf daher nie *ein* Element allein betreffen:

- Liegt die Zielsetzung ausschließlich in der Kostensenkung ohne Einbeziehung der anderen beiden Faktoren, dann leidet vor allem die Qualität der Leistung für den Kunden. Radikalprojekte zur raschen Kostensenkung sind sicher in Krisenfällen angebracht, bedeuten aber *immer* Downsizing, d. h. Personalabbau und damit eine mittelfristige Schwächung des Unternehmens.
- Sind das Ziel des Projektes vorwiegend die Aktivitäten selbst und die Qualitätssteigerung, ohne daß die Effizienz dieser an sich richtigen Aktivitäten optimiert wird, wird sich der gewünschte wirtschaftliche Effekt nicht oder nur in sehr geringem Maß einstellen.
- Stürzen Sie sich allein auf die Effizienz in der Durchführung, kann es passieren, daß wenig effektive, ja falsche Aktivitäten und Abläufe festgeschrieben und einzementiert werden. Dieser Fehler wird oft im Zusammenhang mit der Einführung komplexer EDV-Systeme gemacht – und falsche Prozesse, die in einem EDV-System abgebildet und festgeschrieben sind, können nur mit hohen Kosten und hohem Zeitaufwand geändert werden.

Alle diese Faktoren *gemeinsam* haben Auswirkungen auf den langfristigen wirtschaftlichen Erfolg Ihres Unternehmens. Sie haben die Wahl, das Ziel und damit die Richtung zu bestimmen.

Zielfindung

Aufbauend auf allen diesen Überlegungen wird es nun Zeit, das Ziel des Projektes zu finden und zu definieren. Mein Vorschlag für eine mögliche Vorgangsweise:

- Ich gehe davon aus, daß Ihr Unternehmen über eine klar definierte Unternehmensstrategie verfügt und auch die betriebs-

wirtschaftlichen Zielvorgaben vorliegen. Wenn das nicht der
Fall ist, wäre es vernünftig, das Projekt zur Leistungssteigerung gar nicht erst zu beginnen.

- Stellen Sie ein Team zusammen – dieses Team muß mit dem
  im nächsten Kapitel genannten Projektteam nicht identisch
  sein –, in dem Entscheidungsträger des Unternehmens, Mitarbeiter verschiedener Bereiche aber auch ein Betriebsrat sitzen.
  Dieses Team sollte maximal 9 Personen umfassen (in größeren
  Teams wird kreative Arbeit unmöglich), alle Gruppen des Unternehmens müssen sich aber darin wiederfinden können.
- Informieren Sie bereits jetzt alle Mitarbeiter, was da vor sich
  geht. Wenn einmal Gerüchte entstanden sind, ist es zu spät.
- Konfrontieren Sie dieses Team mit den oben beschriebenen
  drei Leistungsfaktoren und deren Bedeutung.
- Erarbeiten Sie in einem kreativen Prozeß Szenarien für die
  Fokussierung auf jeden dieser drei Faktoren. Vergessen Sie
  aber nicht die Notwendigkeit, *alle drei* Faktoren im richtigen
  Ausmaß zu berücksichtigen.

Das Ergebnis dieser Zielfindung wird stark von der strategischen Ausrichtung Ihres Unternehmens abhängen, je nachdem,
ob Sie
- Kostenführerschaft
- Produktführerschaft
- Kundenpartnerschaft
anstreben.

Und die Ausrichtung Ihres Projektes wird den Schwerpunkt
bei einem der drei Leistungsfaktoren haben. In jedem Fall werden aber alle drei Leistungsfaktoren im für die Zielerreichung
notwendigen Ausmaß zu berücksichtigen sein!

Und noch etwas: Definieren Sie Ihr Ziel unbedingt in schriftlicher Form!

Moderation

Es empfiehlt sich, auch für diesen Workshop einen neutralen
Moderator heranzuziehen, der möglichst emotionslos (weil

nicht in den Entscheidungsprozeß involviert und nicht oder
nur indirekt vom Ergebnis betroffen) die Workshops leitet. Ist
diese Person im Unternehmen nicht greifbar, ist ein externer
Moderator heranzuziehen.

Richtungsänderungen zulassen

So wichtig die klare Definition des Zieles ist, so wichtig ist es
auch, Änderungen dieser Zielsetzung dann zuzulassen, wenn
im Laufe des Projektes Faktoren deutlich werden, die beim
Zielfindungsprozeß nicht bekannt waren und wesentliche neue
Erkenntnisse liefern. Das können interne Faktoren sein oder externe, vom Markt oder vom Kunden bestimmte Faktoren.

> Das Wasser fließt ununterbrochen
> und kommt ans Ziel
> »I Ging«

Nehmen Sie sich ein Beispiel – nein, diesmal nicht am Narren, sondern am Element Wasser. Das Wasser repräsentiert die »sanfte Kraft«
und die »weiche Stärke« – es kann problemlos seine Flußrichtung
ändern, wird aber immer seinem Ziel – der Unendlichkeit des
Meeres – entgegenstreben und auf seinem Weg mit sanfter Be-
harrlichkeit unwahrscheinliche Veränderungen bewirken.

Ergebnis

Das Ergebnis dieses ersten Schrittes ist klar:
- Sie haben die *Zielsetzung* des Leistungssteigerungsprojektes
  schriftlich definiert und im Unternehmen kommuniziert –
  und Sie wissen, daß diese Zielsetzung mit der strategischen
  Ausrichtung Ihres Unternehmens im Einklang steht.
- Dieses klar und verständlich definierte Ziel macht es leichter
  für Sie, den Weg dorthin zu finden.

Variation 1:
Strategie bedeutet Voraus-Denken

Es gibt viele gute Ansätze und Vorgangsweisen zur Erarbeitung
einer Unternehmensstrategie, auf die ich hier nicht näher eingehen möchte.
    Auf einige kritische Punkte möchte ich Sie aber hinweisen:

    Die Zukunft wird nicht durch die Vergangenheit bestimmt!

Erfahrungen der Vergangenheit haben noch vor wenigen Jahren ausgereicht, um klare strategische Ziele zu setzen und sie
auch zu erreichen. Auch wenn es in einigen Branchen gerade
noch irgendwie funktioniert, aus diesen vergangenheitsbezo-
genen Daten »hochzurechnen«, so ist das für den Großteil der
Branchen einfach nicht mehr zulässig, da Veränderungen viel
rascher geschehen als früher, ja dieser Anstieg der Verände-
rungsgeschwindigkeit sogar noch zunimmt.
    Bedenken Sie in diesem Zusammenhang auch eines: Umfra-
gedaten sind Analysen der Vergangenheit, ungültige Daten für
die zukünftige Entwicklung!

    Noch schlimmer – Prognosen sind in manchen Branchen
    ungeeignet, etwas über die mögliche Zukunft auszusagen!

Prognosen basieren ebenfalls auf den Erfahrungen der Vergangenheit und sind daher in vielen schnellebigen Branchen und
Technologien kein legitimes Mittel, die Zukunft und damit die
strategische Ausrichtung eines Unternehmens zu bestimmen.
Denken Sie nur an die Entwicklung des PC, des Internets, der
Mobiltelephone. Was uns heute zur Verfügung steht, war vor
einigen Jahren nicht wirklich voraussehbar, und mit dem, was
wir heute wissen, können wir nicht sehr weit in die Zukunft
blicken.
    Und denken Sie bitte nicht, gerade Ihre Branche, die von
Ihnen eingesetzten Technologien würden sich nicht genauso

schnell, genauso sprunghaft ändern, wie in den obigen Beispielen. So manches Unternehmen hat sich schon gewundert, wenn die Konkurrenz eine längst fertige revolutionäre Entwicklung aus der Schublade gezogen hat – oder wenn ein technischer Entwicklungsschritt ganze Produktgruppen obsolet gemacht hat.

Seien Sie nicht überheblich – auch IBM hat in den 70er und frühen 80er-Jahren die Bedeutung des Personal Computers falsch eingeschätzt, auch Bill Gates hat das Internet sehr lange ignoriert. Daß beide Unternehmen noch immer wirtschaftlich erfolgreich sind, haben sie ihrem zur Verfügung stehenden Kapital und der kurzen Reaktionszeit zu verdanken, mit der sie diese Fehler wiedergutmachen konnten.

Visionen sind gefragt.

Irgendwer hat mir vor Jahren einmal gesagt: »Visionen hat man, wenn man krank ist.« Das ist ein verhängnisvoller Irrtum – denn wer keine Visionen hat, wird unfähig sein, sich und seinem Unternehmen strategische Ziele zu setzen!

Unser Narr hat natürlich Visionen. Den Blick zum Himmel gerichtet, formuliert er in der Phantasie seines reinen, unbelasteten, unverbildeten Geistes seine Ziele, ohne auch nur im geringsten darüber nachzudenken, ob die Erfahrungen der Vergangenheit auch gezeigt haben, daß diese Ziele erreichbar sind. So kann er unbelastet voranschreiten und wird sein Ziel erreichen.

Drei provokante Thesen

- Alles, was Sie sich in Ihrer Phantasie ausmalen können – und zwar ganz detailliert und farbig –, können Sie für sich selbst möglich machen. Und wenn Sie von Menschen umgeben sind, die närrisch genug sind, dieselben Phantasien zu entwickeln oder Ihre Phantasien zu teilen, dann ist das auch für ein ganzes Unternehmen möglich.
- Verwerfen Sie in Diskussionen über mögliche zukünftige Entwicklungen der Technik, des Marktes alle logischen, ein-

fach zu treffenden Annahmen. Beschäftigen Sie sich mit den irrwitzigen Gedanken zuerst, denn jenes Unternehmen, das aus diesen irrwitzigen Gedanken realisierte Projekte machen kann, wird Marktführer sein!

• Stellen Sie Arbeitsgruppen, die die strategische Ausrichtung Ihres Unternehmens erarbeiten sollen, aus den Narren in Ihrem Unternehmen zusammen – Sie werden sich leichter tun, die Vergangenheit zu vergessen!

Variation 2: Die Krise nutzen

Leistungssteigerung in einer Krisensituation? Hier geht es jetzt nicht um eine Krisensituation, die allein Ihr Unternehmen trifft, sondern um eine Krise, die die ganze Branche, den ganzen Markt betrifft.

Und in so einer Situation sollen Sie tatsächlich an Leistungssteigerung denken? Da denkt doch jeder zuerst ans nackte Überleben, an Sicherungsmaßnahmen.

Die Krise nutzen

Es gibt noch eine ganz andere Reaktion auf eine Krise, die sowohl Sie als auch Ihre Mitbewerber trifft. Nutzen Sie diese Krise, um an die Spitze zu kommen. Und wenn Sie an der Spitze sind, dann nutzen Sie diese Krise, um Ihren Vorsprung zu vergrößern! Dem Narren ist es ganz egal, wie tief der Abgrund unter ihm ist – er wird ihn überwinden. Wenn Sie genau in einer Krise, in der viele Mitbewerber in einer Angstreaktion nur versuchen, bisher Erreichtes zu sichern, erfolgreiche Leistungssteigerungsmaßnahmen einleiten, werden Sie der Gewinner sein.

Eines ist jedoch klar: Um die Kraft zu haben, eine Krise so auszunutzen, müssen Sie bereits vorher alles getan haben, um den Organismus Ihres Unternehmens gesund zu erhalten, sonst wird die Kraft dazu nicht vorhanden sein.

Zusammenfassung

- Gibt es eine festgeschriebene, akzeptierte Unternehmensstrategie?
  Wenn NEIN – dann arbeiten Sie am falschen Projekt! Vor jedem Projekt zur Leistungssteigerung im Unternehmen *muß* es
  eine klare strategische Ausrichtung des Unternehmens geben.

- Sind die mittel- und langfristigen Ziele des Unternehmens
  unmißverständlich festgelegt?
  Wenn NEIN – dann wird es Zeit dafür! Wenn Sie Ihr Unternehmensziel nicht kennen, kann das geplante Projekt nicht
  danach ausgerichtet werden.

- Ist das Ziel dieses Projektes (möglichst in schriftlicher Form)
  definiert?
  Wenn NEIN – dann legen Sie es fest, sonst arbeiten Sie vielleicht in die falsche Richtung und vergeuden Zeit und Geld.

- Kann dieses Projektziel mit den strategischen Unterneh-
  menszielen zur Deckung gebracht werden?
  Wenn NEIN – dann revidieren Sie entweder Ihre strategischen
  Ziele oder definieren das Projektziel neu. Eines von beiden
  stimmt nicht!

- Ist das Projektziel im Unternehmen kommuniziert?
  Wenn NEIN – dann holen Sie das schleunigst nach, sonst entstehen Gerüchte, die Angst auslösen.

Denken Sie daran:

Der Narr kennt den Weg nicht, aber er kennt sein Ziel –
auch wenn es noch so fern liegt – und so wird er den Weg
finden!

Aus dem Instrumentenkoffer

Schreiben Sie ein Märchen – und aus dem Märchen wird Realität werden!

Ich hole jetzt etwas weiter aus, aber die nachfolgenden Anregungen gelten natürlich auch für jedes Leistungssteigerungsprojekt im Unternehmen!

Egal, welches völlig ver-rückte, aus der Norm gerückte Ziel Ihnen vorschwebt – Ihnen als Mensch, Ihnen als Mitarbeiter eines Unternehmens, Ihnen als Unternehmensführer:

Setzen Sie sich einmal ganz entspannt hin – am besten ohne Handy auf eine Parkbank, in ein altes Kaffeehaus (das ist die spezifisch Wiener Variante), in eine leere Kirche, in einen vom Rauch der Räucherstäbchen erfüllten buddhistischen Tempel, oder mit einem Glas Wein und einem Teller Käse in eine toskanische Osteria – und lassen Sie Ihre Phantasie spielen. Gehen Sie auf die Reise, lassen Sie nichts aus, lassen Sie sich vor allem durch närrische und irrwitzige Gedanken nicht verwirren, reisen Sie in Ihrer Phantasie zu dem Ziel, das Sie erreichen möchten.

Und wenn Sie sich dieses Ziel in Ihrer Phantasie ganz detailliert, farbig, plastisch ausgemalt haben – dann schreiben Sie Ihre Phantasie nieder, aber nicht als Memo, als Projektplan, als interne Notiz – sondern als Märchen. Dieses Märchen kann ruhig mit: »Es war einmal ...« beginnen. Es sollte aber mit: »Es wird einmal sein ...« aufhören. Und wenn dieses Märchen wirklich in Ihrer Phantasie existiert und durch das Niederschreiben, Aufzeichnen, Aufmalen Gestalt angenommen hat, dann wird es auch Realität werden – dann werden Sie wie der Narr einen ganz weiten und weichen Blick bekommen, werden Sie die Reise zu Ihrem Ziel beginnen – und kein Abgrund wird Sie aufhalten, es zu erreichen.

Für hartnäckige Realisten eine kleine Erleichterung:

Selbst wenn Sie es nicht schaffen, daran zu glauben, daß es auf diese Weise möglich ist, jedes Ziel zu erreichen (auch Nar-

ren haben daran manchmal Zweifel), dann glauben Sie mir
bitte eines: Wenn Sie es nicht schaffen, Ihr Ziel in Ihrer Phantasie zu realisieren, werden Sie es auch in der Realität ganz
sicher nicht schaffen!

Thema 2
Den Fluß in Bewegung bringen

Nur was in Bewegung ist,
läßt sich steuern.
Rainer H. Wagner

Stellen Sie sich ein Boot vor, das ohne Ruder, ohne Motor, ohne jeden Antrieb in einem Fluß treibt: Der Steuermann ist machtlos, er hat keine Chance, dieses Boot zu steuern – der Fluß steuert es.

Nehmen Sie den Fluß selbst – wenn er lange genug Zeit hat, kann er alles bewegen, alles bewirken, Berge versetzen, den Grand Canyon bauen, dem Meer Land abtrotzen. Allein aus der Kraft seiner ständigen Bewegung heraus.

Und genau das ist das Ziel dieser zweiten Projektphase:

Es gilt, den Projektleiter zu finden, die Projektteams richtig zusammenzustellen und vor allem alle Teammitglieder nicht nur über das Projekt zu informieren, sondern auch zu motivieren, zu mobilisieren, in Bewegung zu bringen.

Gelingt das nicht, ist das gesamte Projekt höchst gefährdet. Die Weisung des Entscheiders allein kann nicht ausreichen, wenn die einbezogenen Mitarbeiter nicht mitziehen, wenn sie im Gegenteil bereits jetzt Verhinderungsmaßnahmen setzen.

Betrachtungen über
den vorwärtsschreitenden Narren

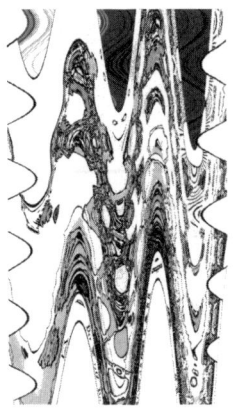

Wenn man sich streng an Vorschriften halten wollte,
kämen nur Narren ins Paradies.

Italienisches Sprichwort

Eine ganz einfache und ganz logische Schlußfolgerung: Vorschriften, Schriften, in denen uns vor-geschrieben wird, was wir
zu tun haben, stammen aus der Vergangenheit – und wollen die
Zukunft regeln. Wie soll das funktionieren? Darüber hinaus
stammen Vorschriften meist von Weisen, ja manchmal sogar von
sogenannten »Unfehlbaren« – und wir wissen ja, daß Weise nicht
mutig genug sind, voranzuschreiten. Wenn wir uns an diese
weisen Vorschriften und Dogmen halten, bleiben wir also kle-
ben, an der Gegenwart, noch schlimmer: an der Vergangenheit.

Der Narr schreitet fort, der Narr kann gar nicht stehenbleiben:
    Er weiß, daß er sein Ziel erreichen muß, um den Kreislauf zu
beenden. Er hat schon den ersten Schritt getan, ja, er hat ein Bein
schon in der Luft für den nächsten und ist damit in Bewegung.
    Und schließlich: Er hat als Begleiter einen Hund dabei, der
weglaufen oder ihn ins Bein beißen würde, wenn er stehen-

bliebe. Er ist deswegen kein Getriebener, denn er tut es freiwillig – außerdem ist der Hund so klein, daß er ihn ganz leicht in die Flucht schlagen könnte, wenn er wollte.

> Die Essenz dieser Karte zeigt einen subtilen und plötzlichen Impuls oder Anstoß, der aus einem völlig fremden Bereich kommt. Und solche Impulse sind klar und auf richtige Art.[20]

Der Narr als Symbol des Tarot repräsentiert also genau diesen Impuls, der schon allein deswegen richtig ist, weil er in der richtigen Art zum richtigen Zeitpunkt kommt – von innen heraus, nicht aufgezwungen.

> Der Narr geht ohne Furcht weiter, weil er weiß, daß sein Schritt von festem Boden erwidert wird, und der Kosmos wird niemand enttäuschen, der so viel Vertrauen in seinen Weg hat. Der Narr weiß nichts von irgend etwas – und er ist daher gesegnet in seiner Unkenntnis.[21]

Der Narr weiß nichts, noch radikaler: er weiß nichts von überhaupt nichts. Daher behindert ihn auch nichts, keine »historische Entwicklung«, keine »Altlasten«. Er kann sich unbelastet auf den Weg machen. Und durch sein Vertrauen in seinen Weg – nein, durch sein *Wissen* um die Richtigkeit seines Weges – wird er den Abgrund überschreiten.

> Er ist bereit, sich darauf einzulassen, wie er weiß, daß er alles dabei hat, was er braucht, um auf einer neuen Ebene wieder von vorne zu beginnen.[22]

Der Narr hat einerseits sehr wenig Ballast bei sich, der ihn daran hindert, leichtfüßig den Abgrund zu überschreiten. Sein Bündel enthält aber trotzdem alles, was er für seinen weiteren Weg braucht, alles, was er braucht, um eine neue Ebene seiner Entwicklung zu erreichen und dort den Veränderungsprozeß wieder – mit unveränderter Unschuld – von neuem zu beginnen.

Er repräsentiert das Chaos vor der Vernunft, den reinen Impuls, der weder gut noch schlecht ist.[23]

Aufgabenstellung

Übertragen Sie das Bild vom Boot auf Ihr Unternehmen:

Solange Sie sich treiben lassen, ja, getrieben werden von Umfeldeinflüssen, die Sie weder verändern noch beeinflussen können, solange sind Sie und Ihr Unternehmen Getriebene, nicht Steuernde. Und mag es Ihrem Unternehmen noch so gut gehen, wenn Sie nur mitschwimmen im Strom, wird es Konkurrenten geben, die schneller schwimmen, wird es Konkurrenten geben, die Stromschnellen besser ausweichen können (oder hindurchschwimmen) und Sie daher unbeschadet überstehen.

Nun haben Sie durch den Entschluß, ein Verbesserungsprojekt zu starten, immerhin schon den ersten Anstoß zur Bewegung gegeben. Sie müssen aber auch noch die Menschen in Ihrem Unternehmen in Bewegung bringen, sonst sind Sie allein am Steuer machtlos – das Boot ist zu groß für nur einen Steuermann, und der Fluß der Veränderung fließt zu schnell dafür.

Die Aufgabe dieser Projektphase ist also klar:

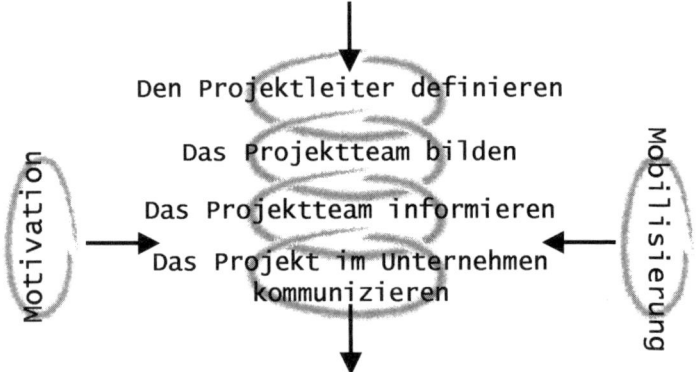

Vorgangsweise

Den Projektleiter definieren

Der Projektleiter hat unterschiedliche Aufgaben und ist auch – neben dem Initiator des Projektes – von wesentlicher Bedeutung für den reibungslosen Ablauf. Er ist weniger *der* kompetente Fachmann für Einzelthemen – das sind die Mitglieder der Teilprojektteams –, sondern

- er ist für die Projektorganisation und die Einhaltung des Zeitplanes verantwortlich;
- er legt Termine der Teambesprechungen fest;
- er ist die »Kommunikationszentrale« für das Projekt.

Die Anforderungen für den Projektmanager ergeben sich klar aus diesen Aufgaben:

Erfahrung in Projektmanagement und -controlling

Bitte achten Sie darauf, daß hier nicht das übliche fatale deutschsprachige Mißverständnis auftritt:

Controlling heißt nicht kontrollieren, sondern *steuern*.

Der Projektleiter als Projektcontroller ist daher der, der überprüft, ob sich das Projekt »auf Kurs« befindet, gegebenenfalls Maßnahmen zur Kurskorrektur setzt und bei großen, projektgefährdenden Abweichungen das Management/den Initiator als obersten Steuermann hinzuzieht, um Gegenmaßnahmen zu beraten und einzuleiten.

Akzeptanz durch die Mitglieder des Projektteams

Ein Projektleiter, der von den Teammitgliedern nicht akzeptiert wird, gefährdet das Projekt.

Wesentliche Voraussetzung ist es, daß dem Projektleiter keine persönlichen Beweggründe für Projektentscheidungen unterstellt werden. Ein Projektleiter, der ein Veränderungsprojekt dazu »benutzen« – das heißt »mißbrauchen« – will, Karriere im Unternehmen zu machen oder sonstige persönliche Ziele zu erreichen, wird seiner Rolle nicht gerecht werden können. Das gilt auch für den Fall, daß man ihm das nur unterstellt!

Die Auswahl des Projektleiters erfordert daher Erfahrung und Einfühlungsvermögen – genug hoffnungsvolle Projekte sind schon daran gescheitert, daß die Mitarbeiter im Projekt ihre Energie in der Bekämpfung des Projektleiters vergeudet haben.

Ist der Projektleiter hierarchisch über den Mitgliedern der Teilprojektteams angeordnet, ist darauf zu achten, daß sie ihm im »täglichen Leben« der Unternehmensorganisation möglichst nicht direkt unterstellt sind – es sei denn, er versteht es tatsächlich, kollegial zu führen.

Andernfalls bestehen die Projektteams aus entweder stummen Mitgliedern oder aus solchen, die vor jeder Äußerung nicht an den Projektfortschritt, sondern daran denken, ob ihre Beiträge auch das Wohlwollen des Projektleiters finden.

Ist der Projektleiter einigen Teammitgliedern hierarchisch untergeordnet, muß er das nötige Selbstbewußtsein mitbringen.

Das Projektteam bilden

In dieser frühen Phase Ihres Projektes brauchen Sie *ein* Projektteam – oft auch Kernteam oder hochtrabender »Steering Comittee« genannt.

Die Aufgaben des Projektteams

Die Hauptaufgaben dieses Projektteams bestehen aus
• der Festlegung des »Projektfahrplanes«;
• der Überprüfung der Einhaltung dieses Planes (Erreichung der Teilziele = Meilensteine im geplanten Zeitrahmen);
• Problemlösung im Falle von »Projektkrisen«.

Die Zusammensetzung der Projektteams

Der Initiator des Projektes und der Projektleiter sind selbstverständlich Mitglieder dieses Teams. Der Rest setzt sich aus für
den fachliches Fokus des Projektes kompetenten Mitarbeitern
bzw. aus den später näher beschriebenen Trägern der »Veränderungsrollen« zusammen. In größeren Betrieben ist die
Einbeziehung des Betriebsrates sinnvoll.

Das Kernteam sollte nicht mehr als sechs Mitglieder umfassen und muß in jedem Fall projektbezogene Entscheidungskompetenz haben, also im Unternehmen hierarchisch
hochrangig angesiedelt sein.

Der Projektfahrplan

Über eine mögliche Vorgangsweise im Management komplexer Projekte schreibe ich in einem späteren Teil dieses Kapitels.
Wichtig ist, daß es für jedes noch so kleine Verbesserungsprojekt einen klar definierten Projektplan gibt, der am Beginn des
Projektes festgelegt wird.

Das Projektcontrolling

Jeder Projektplan ist sinnlos, wenn seine Einhaltung nicht
überprüft und eventuelle Abweichungen »ausgesteuert« werden. Der Projektcontroller hat eine wesentliche Funktion im
Projektteam und sollte bei größeren Projekten nicht mit dem
Projektleiter identisch sein.

Krisen im Projektablauf meistern

Das Projektteam hat nicht nur die Aufgabe, regelmäßig den Projektablauf zu überprüfen, sondern muß, wenn besondere Um-
stände den Projektablauf gefährden, eingreifen. Diese »Krisen«
können durch unterschiedliche Faktoren ausgelöst werden:

- ernste Unstimmigkeiten in den Teilprojektteams, die ein geregeltes Weiterarbeiten unmöglich machen;
- Ereignisse im Unternehmen außerhalb des Projektes, die eine radikale Neuorientierung notwendig machen;
- Ereignisse außerhalb des Unternehmens (etwa Wirtschaftsentwicklung, Marktentwicklung, Änderung gesetzlicher Vorschriften), die ebenfalls eine Überprüfung der Zielsetzung des Projektes erfordern.

Diese Ereignisse erfordern eine rasche und richtige Reaktion, eine Modifikation des Projektes oder sogar dessen Abbruch.

Es gibt einige äußerst wichtige Punkte, deren Einhaltung die reibungslose Durchführung auch eines komplexen Projektes sicherstellt – und deren Mißachtung jedes noch so kleine Projekt ernsthaft gefährdet:

Das Projektteam ist über Ziele und Vorgangsweise zu informieren

Das Projektteam ist detailliert über die Ziele des Projektes sowie über die geplante Vorgangsweise zu informieren. Wird ein Unternehmensberater in das Projekt mit einbezogen, so ist das weitgehend seine Aufgabe.

In dieser Phase bietet sich ein eintägiger Workshop (unter der Leitung des Initiators und/oder des beigezogenen Unternehmensberaters) an, in dem

- die Mitglieder über die Hintergründe der Projektentscheidung und die Projektziele informiert werden;
- die gewählte Vorgangsweise vorgestellt oder beschlossen, in allen Fällen aber diskutiert wird;
- die »Mitspieler«, also der Projektleiter, die Mitglieder des Projektteams und der eventuell mitwirkende Unternehmensberater vorgestellt werden.

Die Projektziele und
die gewählte Vorgangsweise
sind im Unternehmen zu kommunizieren.

Es ist von wesentlicher – und für den Erfolg eines Veränderungsprojektes oft entscheidender – Bedeutung, daß die Projektziele
und die geplante Vorgangsweise frühzeitig im Unternehmen bzw.
in den in das Projekt einbezogenen Bereichen kommuniziert
sind.

Sonst erreichen Sie genau das Gegenteil von Mobilisierung –
die Angst vor der Veränderung wächst, die ersten Verhinderungsmaßnahmen werden vorbereitet.

Wie es *nicht* sein soll:
• Die Mitarbeiter erfahren aus der kochenden Gerüchteküche,
daß »irgend etwas Verdächtiges / Bedrohendes« geplant ist.
• Die Mitarbeiter erfahren am schwarzen Brett, daß ab nächster Woche ein Unternehmensberater im Haus Interviews
durchführen wird.
• Das Projekt wird ganz bewußt vor den Mitarbeitern »ge-
heimgehalten«. (»Die müssen nicht alles wissen.«)

Das Ergebnis dieser falschen Vorgangsweise: Angst und Gerüchte.
Das Ergebnis der Angst: Frühzeitige Abwehrmaßnahmen, der
»Verhinderungskreislauf« wird in Gang gebracht. Das Ergebnis
des Verhinderungskreislaufes: Die Durchführung des Veränderungsprojektes stößt auf organisierten Widerstand, sie dauert
länger, verursacht mehr Kosten, scheitert.

Es gibt verschiedene Möglichkeiten, ein Projekt *positiv* im Unternehmen zu kommunizieren:
• bei unternehmensübergreifenden Projekten großer Tragweite
eine Betriebsversammlung;
• eine Informationsveranstaltung für alle einbezogenen Bereiche unter Beteiligung des Projektleiters bzw. des Unternehmensberaters;
• die Durchführung von mehreren eintägigen Workshops mit
ausgewählten Mitarbeitern (möglichst jene, die auch für die

Teilprojektteams in Frage kommen) der einbezogenen Berei-
che. Mögliche Themen:
• Information über Projektziele und Vorgangsweise;
• Definition der einbezogenen Bereiche;
• Stärken-Schwächen-Analyse aus der Sicht der Mitarbeiter.

Durch Einbeziehung des Betriebsrates bereits in die Phasen 1
und 2 können nicht nur gegebenenfalls »Verhinderungskreis-
läufe« und Gerüchte vermieden werden, der Betriebsrat hat
auch viele Informationen über Ihr Unternehmen, die Sie vielleicht nicht haben – oder wenigstens nicht wahr-haben.

Klar ist, daß die Art und Intensität der Kommunikation nicht
nur auf das Unternehmen, sondern auch auf das Projekt abge-
stimmt sein muß.

Ergebnis

• Ein geeigneter *Projektleiter* ist bestimmt und in das Projekt
eingewiesen.
• Ein *Projektteam* in für das Projekt passender Zusammenset-
zung (Veränderungsrollen!) ist gebildet.
• Das Projektteam ist über Ziele und Vorgangsweise infor-
miert.
• Die Projektziele und die gewählte Vorgangsweise sind im
Unternehmen kommuniziert.

Vergessen Sie nicht zu überprüfen, ob Sie diese Ergebnisse erreicht haben – *alle* Punkte müssen im für das Projekt notwendigen Ausmaß erfüllt sein.

Variation 1:
Teambildung und Teamarbeit

Die Größe der Teams

Meine Erfahrung bei der Arbeit mit unzähligen Teams hat gezeigt, daß die optimale Größe für ein Arbeitsteam zwischen mindestens sechs und maximal neun Teilnehmern liegt. Teams mit weniger als sechs Mitgliedern benehmen sich eher als eine zufällige Ansammlung von Einzelpersonen, bei Teams mit mehr als neun Mitgliedern ist die Entscheidungsfindung entweder äußerst schwierig – oder einzelne Mitglieder sitzen schweigend ihre Zeit in den Workshops ab und tragen nichts zum Ergebnis bei. Beides ist im Projekt unerwünscht und störend.

Die Zusammensetzung eines Arbeitsteams

Die Zusammensetzung des Projektteams (Kernteams) mag noch relativ einfach sein, die Zusammensetzung der Teilprojektteams ist weit schwieriger. Es gilt, die richtige Mischung zwischen
- fachlicher Spezialisierung und weitem Horizont,
- zwischen Kompromißbereitschaft und Widerspruchsgeist,
- zwischen Befürwortern und Gegnern des Projektes zu finden.
- Ein Team, das nur aus für das Thema fachlich kompetenten und spezialisierten Mitarbeitern besteht, hat einen zu engen Focus, wird dazu neigen, die mögliche Bandbreite der Veränderungen einzugrenzen, eng zu gestalten.
- Ein Team, das nur aus Mitgliedern mit ganzheitlicher Sichtweise und weitem Horizont besteht (viele Narren werden darin zu finden sein), übersieht vielleicht fachliche Probleme oder geht weit über die Ziele des Projektes hinaus.
- Einem Team, dessen Mitglieder sich einig sind, fehlt die notwendige Spannung, fehlen die notwendigen Konflikte, um das Projekt voranzubringen.

• Ein Team, das aus lauter Einzelkämpfern und Individualisten besteht, wird sich in internen Machtkämpfen, die nichts mit dem Thema zu tun haben, aufreiben.

• Ein Team, das aus lauter begeisterten Befürwortern des Projektes besteht, wird leicht Gefahren und mögliche Hindernisse übersehen.

Der Leiter der Arbeitsteams – der nicht als Leiter in hierarchischem Sinn zu verstehen ist, sondern als Koordinator und Wächter über die Spielregeln – sollte entweder der begleitende Unternehmensberater, der Projektleiter oder – bei größeren Projekten mit mehreren Teilteams – eine vom Projektleiter bestimmte Person sein.

Ein Tip:

Beziehen Sie nach Möglichkeit auch kritische Gegner des Projektes in die Arbeitsteams ein. Das macht es leichter, jenen Teil der Mitarbeiter von der Sinnhaftigkeit des Projektes zu überzeugen, die grundsätzlich dagegen sind, das belebt die Team-Workshops. Scheuen Sie (als Projektleiter oder als Team) aber nicht davor zurück, diese mit Nachdruck auf den Zweck der Arbeitsteams hinzuweisen. Ständig nörgelnde Querulanten, denen es nicht um konstruktive Kritik, sondern um grundsätzliches »Dagegen-Sein« geht, stellen sich schnell selbst genug an den Rand des Teams oder aus diesem hinaus. Sie können aber dann schwer triumphierend behaupten, »man hätte sich nicht getraut, sie in die Arbeit mit einzubeziehen«.

Eines ist auf jeden Fall wichtig:

Machen Sie den Projektteams von Anfang an klar, daß die Teammitglieder gleichwertig sind, ohne Rücksicht auf deren hierarchische Stellung im Unternehmen. Es ist nicht der Sinn einer Teambesprechung, wenn eines der Mitglieder – sei es auf Grund seiner Position im Unternehmen oder seiner rhetorischen Schulung – ständig »den Ton angibt« und daraus ein Monolog mit Zuhörern wird. Das ist vergeudete Zeit – und vergeudete Zeit gefährdet Ihr Verbesserungsprojekt.

Die Spielregeln

Die Spielregeln für (Teil)Projektteams sind einfach – und sind daher mit allem Nachdruck durchzusetzen:

- Wer mit eigener Zustimmung in das Team aufgenommen wird, hat an allen Team-Workshops teilzunehmen. Der Grund »Ich habe keine Zeit« darf nur in Katastrophenfällen gelten. Denn Zeit hat keines der Teammitglieder, die Workshops sind immer eine zusätzliche Belastung zusätzlich zur Tagesarbeit.
- Als Zeitrahmen für eine Teambesprechung hat sich 9:00 bis 13:00 bewährt, dann unterbricht die Mittagspause nicht den Arbeitsfluß – und nach einer ablenkenden Mittagspause (egal, ob die Ablenkung das Mittagessen oder die rasche Erledigung wichtiger Arbeiten war) brauchen Sie als Teamleiter sowieso viel zu lange, die Mitglieder wieder »zurückzubekommen«.
- Als Wochentage empfehlen sich Dienstag, Mittwoch und Donnerstag – es sei denn, Sie sind mit den Teammitgliedern übereingekommen, zur geringeren Belastung des laufenden Geschäftsbetriebes die Workshops am Wochenende abzuhalten. »Übereinkommen« heißt in diesem Fall freiwillige Zustimmung der Teammitglieder ohne Zwang! Der für interne Besprechungen so beliebte Montag vormittag ist genauso schlecht geeignet wie der aus Zeitersparnisgründen gerne gewählte Freitag nachmittag. Da sind Ihre Teammitglieder entweder (geistig) noch gar nicht da oder schon wieder weg.
- Sowenig Pausen wie irgendwie möglich; in Pausen ist der Ort der Teambesprechung nur in Notfällen zu verlassen.
- Mobiltelefone sind abzuschalten, die Telefonzentrale ist anzuweisen, Gespräche nicht durchzustellen (ein guter Test für Ihr Office Management!).
- Gibt es Nichtraucher im Team, gilt absolutes Rauchverbot im Arbeitsraum. Raucher mögen sich untereinander ruhig vergiften, wenn sie das wollen.
- Kaffee, Tee und Mineralwasser sollten *im* Raum bereitstehen, um unnötige Unterbrechungen zu vermeiden.

• Der Arbeitsraum muß neben Licht und guter Luftqualität auch alle notwendigen technischen Einrichtungen sowie die Möglichkeit, beschriebenes und bezeichnetes Flipchartpapier an den Wänden zu befestigen, bieten.

Workshops über den Zeitraum von vier bis fünf Stunden hinaus sind nicht zu empfehlen.

Für besonders kritische Themen – oder für komplexe Themen mit höherem Zeitbedarf – ist eine »Klausur« empfehlenswert – ein Vorabend, ein ganzer und ein halber Tag (also z.B. Donnerstag 18:00 bis Samstag 14:00) irgendwo außerhalb des Unternehmens (mit Anwesenheitspflicht während des gesamten Zeitraums).

Variation 2: Soziologie einer Gruppe

Ein Gruppe ist ein komplexes Gebilde, einerseits je nach Zusammensetzung immer wieder anders reagierend, andererseits klaren Regeln folgend.

Über eines sind sich Soziologen und Praktiker einig:

Eine Gruppe unter zehn Mitgliedern ist noch ein relativ überschaubares Gebilde. Natürlich laufen all die komplexen Vorgänge der Gruppendynamik ab, natürlich wird der »Führer« unter Umständen in Frage gestellt, angegriffen, gestürzt. Aber ein erfahrener Gruppenleiter oder Trainer wird damit fertig werden – und diese dynamischen Abläufe sogar zum Nutzen der Gruppenaufgabe einsetzen.

Bei etwa 12 Mitgliedern beginnt ein für die Effizienz der Teamarbeit gefährlicher Prozeß: Es besteht die Gefahr der Spaltung. Ab 15 Mitgliedern ist mit dieser Gruppenteilung sogar zu rechnen. Und eine zweigeteilte Gruppe – noch dazu dieser Größe – ist kaum mehr steuerbar und schon gar nicht zu zielsicherem, effizientem Arbeiten zu bewegen.

Deswegen warne ich vor Arbeitsteams mit mehr als zehn Teilnehmern. Denn selbst wenn Sie (oder der Gruppenleiter) das Charisma eines großen »Führers« haben – Sie schaffen im besten Fall, daß die Teilnehmer dieser Großgruppe wie willenlose Schafe hinter Ihnen herlaufen, mit kreativer Arbeit hat das wenig zu tun.

Arten von Arbeitsteams

Als Hinweis mag also gelten:

Als kleinstes Arbeitsteam bietet sich die Triade an, diese Dreiergruppe bringt genügend Spannung für die Auslösung kreativer Prozesse auf – und ist klein genug, ohne Gruppenleiter auszukommen. In Triaden können Teilaufgaben gelöst werden, ein größeres Team kann zu diesem Zweck vorübergehend in Triaden aufgeteilt werden.

Es empfiehlt sich also für Arbeitsteams eine Gruppengröße von sechs bis neun Mitgliedern. Damit ist einerseits für die nötige Meinungsvielfalt gesorgt, andererseits kommt man der »Aufspaltungsgrenze« nicht einmal nahe und vermeidet eine Überlastung des Gruppenleiters.

Großgruppen, d.h. Gruppen mit mehr als 12 Teilnehmern, sind für kreative Detailarbeit ungeeignet. Dafür muß eine Großgruppe wieder in mehrere Teilteams aufgeteilt werden.

Also:

• Großgruppen (mehr als 12 Teilnehmer) für »passive« Informationsveranstaltungen,
• Teams von sechs bis neun Teilnehmern für die Lösung konkreter Aufgaben,
• Triaden für Sonderthemen innerhalb der Teams.

Kadenz: Veränderungsrollen

So wie es verschiedene Rollen im Team gibt, gibt es unterschiedliche Rollen in einem Veränderungsprozeß:

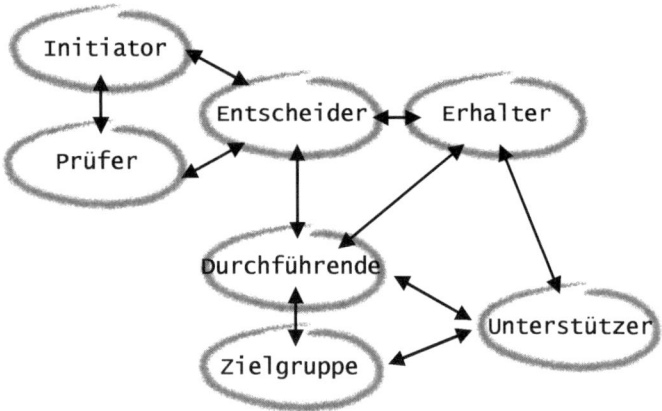

Der Initiator

Am Anfang einer Veränderung steht die Idee, die kreative Schöpfung, der Impuls. Es wird Sie nicht überraschen, wenn ich behaupte, daß dieser Impuls sehr oft von jemandem im Unternehmen ausgeht, der unserem Narren sehr ähnlich ist. Geforderte Eigenschaften sind

- »Open minded«, denn seine Kreativität darf nicht verkümmert und eingeschlossen sein;
- Neu-gierig, denn er darf nicht beharrlich an herkömmlichen Vorgangsweisen festhalten;
- Furcht-losigkeit, denn er wird sehr oft Tabus brechen und natürlich Widerspruch (auch höherer Hierarchieebenen) entfachen;
- Beweglichkeit, denn er setzt den entscheidenden Impuls.

Sie haben es schon bemerkt: Ein sehr großer Teil dieses Buches gibt Anregungen, diese Kreativität im Unternehmen zuzulassen und zu fördern. Fehlt dieser erste kreative Impuls, wird wohl keine Veränderung in Gang kommen.

Die Unterstützung von außen durch einen Unternehmensberater ist möglich. Sie sollten jedoch gerade bei der Anregung von Kreativität durch externe Berater sehr vorsichtig sein: Viele Berater (auch große) neigen dazu, Ihnen vorgefertigte »kreative« Ideen zur Unternehmensveränderung aufzudrängen, Sie mit Standardmethoden und -trainings abzuspeisen.

Ein Berater, der Kreativität im Unternehmen erwecken soll, muß selbst ein Narr sein, sonst wird er Ihnen und Ihren Mitarbeitern keine Narrheit vermitteln können.

Der Genehmiger

Das ist eine Rolle, die es immer gibt: Der Genehmiger einer Veränderung ist derjenige, der Ideen des Initiators aufgreift und das Verbesserungsprojekt in Gang setzt. Der Genehmiger muß selbstverständlich in der Unternehmenshierarchie weit oben angesiedelt sein, denn sonst hat er wenig Chancen, ein tiefgreifendes Veränderungsprojekt zu starten.

Er kann mit dem Kreativen identisch sein, ist es aber meist nicht. Denn närrische Topmanager sind selten, erstens weil sie viel zuwenig Zeit haben, ihrer rechten Gehirnhälfte freien Lauf zu lassen, und zweitens weil sie ihre Karriere meist durch logisches Denken und nüchterne, sachliche Entscheidungen gemacht haben.

Närrische Manager und Unternehmensführer gibt es noch wenige. Und wenn, dann erregen sie großes Aufsehen durch ihre närrischen Ideen – und sie rufen die uns schon wohlbekannte Angst hervor. Sie schaffen es aber, gegen jeden Widerstand und über jeden Abgrund hinweg ein Projekt zum Erfolg zu führen, und ihr Erfolg ist dann ein sehr großer.

Der Genehmiger glaubt an die kreative Idee und hat die Macht, daraus ein Verbesserungsprojekt zu machen. Er ist es, der den tatsächlichen Veränderungsprozeß einleitet. Wesentlich ist, daß der Genehmiger im gesamten Verlauf des Projektes informiert bleibt, auch wenn er nicht in die weitere Projektarbeit eingebunden ist. Er wird üblicherweise Mitglied des »Steering Committee« sein und ist immer dann heranzuziehen, wenn tiefgreifende Projektentscheidungen zu treffen sind.

Der Prüfer

Der Prüfer unterstützt den Entscheider, indem er im Detail die Realisierbarkeit des Projektes prüft und dem Entscheider alle notwendigen Unterlagen zur Projektentscheidung bereitstellt. Eine gut funktionierende linke Gehirnhälfte ist hier gefragt: Das Projekt muß sachlich und nüchtern auf die Realisierungschance geprüft werden. Trotzdem ist auch hier ein wenig Narrheit notwendig, denn der Prüfer darf nicht von vornherein gegen jedes Veränderungsprojekt eingestellt sein.

Der Prüfer kann im weiteren Projektablauf als Projektcontroller in das Projektteam eingebunden werden.

Die Zielgruppe

Es überrascht eigentlich, daß es tatsächlich gar nicht so wenige Veränderungsprojekte gibt, bei denen die Zielgruppe – also die tatsächlich von den Veränderungen betroffenen Mitarbeiter – *nicht* einbezogen wird. Daß das eine große Gefahr für die Umsetzung des Projektes darstellt, ist klar: Mangelnde Information erzeugt Gerüchte, Gerüchte erzeugen Angst, Angst erzeugt Verhinderungsstrategien – und die Umsetzung des Projektes wird verhindert oder wenigstens behindert.

Mitglieder der Zielgruppe *müssen immer* in den Projektteams an der Projektarbeit teilnehmen, nur so kann die Akzeptanz des Verbesserungsprojektes gesichert oder wenigstens verbessert werden. Ebenso sind rechtzeitig geeignete Maßnahmen zu setzen, die Zielgruppe über das Projekt zu informieren und auf die zukünftige Veränderung vorzubereiten.

Der Erhalter

Die Aufgabe und Verantwortung des Erhalters ist es, den Veränderungsprozeß in Gang zu halten. Auch er muß in der Unternehmenshierarchie hoch angesiedelt (oder mit dem Initiator identisch) sein, hat er doch die erforderlichen Entscheidungen bei Abweichungen vom Projektplan oder bei Gefährdung des Projektes zu treffen.

Er muß Mitglied des Projekt(Kern)teams sein und ist darüber hinaus verantwortlich für die Information des Initiators über den Projektfortschritt. Der Erhalter ist also voll in den Projektablauf integriert, närrischer Veränderungswille ist für ihn logischerweise von Vorteil.

Die Durchführenden

Ihre Verantwortung ist klar: Die Vorbereitung und Implementierung des Projektes. Von wesentlicher Bedeutung ist es, diese Gruppe der Durchführenden – das sind klarerweise alle Teammitglieder – richtig auszuwählen. Möglichst viele der betroffenen Zielgruppe müssen hier zu finden sein, vielleicht auch einige Spezialisten aus anderen Bereichen.

Projekte, in denen sich die Vertreter der Zielgruppe auf den Posten des Beobachters zurückziehen, ohne selbst am Projekt als Durchführende teilzunehmen, werden genauso scheitern wie solche, in denen ein externer Berater diese Rolle übernimmt – oder in sie hineingedrängt wird.

Der Unterstützer

Auch diese wichtige Rolle wird oft vergessen. Jedes umfassende Verbesserungs- oder Veränderungsprojekt benötigt jemanden, der *außerhalb* der Projekthierarchie steht. Er hat den notwendigen Überblick, um das Projekt zu unterstützen, ohne eine Funktion innerhalb des Projektes zu übernehmen. So braucht er sich nicht um persönliche Ziele zu kümmern (man kann sie ihm auch nicht unterstellen), ist in eventuelle Konflikte nicht einbezogen und kann sein Wissen und seine Energie dafür einsetzen, das Projekt als Berater zu unterstützen und in Bewegung zu halten.

Das ist klarerweise die hervorragende Rolle für einen externen Berater, denn ihm wird man nie persönliche Beweggründe im Rahmen eines Projektes unterstellen. Auch in diesem Fall ist es wichtig, einen Berater mit der notwendigen themenübergreifenden Erfahrung zu finden, dem auch die geforderten närrischen Eigenschaften nicht fehlen.

In einem späteren Kapitel werden Sie dem Veränderungsmanager begegnen. Das ist ein Mitarbeiter des Unternehmens, der die notwendigen Eigenschaften und das notwendige Wissen für diese Aufgabe mitbringt. Seine Aufgabe ist eine schwicrige: Er hat keinerlei Weisungskompetenz, kann also nur be-raten, nicht vorschreiben oder entscheiden.

Ich halte diese – derzeit noch unübliche – Funktion des Veränderungsmanagers in Unternehmen ab einer bestimmten Größenordnung für äußerst wichtig. Jene Unternehmen, die das als erste erkennen, werden einen entscheidenden Vorsprung erringen können – durch bessere Effizienz und bessere Qualität.

Schlüsselfaktoren

- Es ist für ein Veränderungsprojekt von wesentlicher Bedeutung, daß *alle* Veränderungsrollen besetzt sind.
- Je nach Projektgröße und -bedeutung können mehrere Rollen von derselben Person wahrgenommen werden oder – bei sehr komplexen Projekten – einzelne Rollen mehrfach besetzt werden.
- Die Zielgruppe ist in jedem Fall in die Durchführung eines Veränderungsprojekts mit einzubeziehen.
- Vergessen Sie nicht auf den Unterstützer, auch wenn diese Rolle sehr schwer zu besetzen ist.
- Externe Berater können manche Rollen übernehmen (Initiator, Prüfer, Unterstützer), ganz sicher aber *nicht* die Rolle des Durchführenden!

Zusammenfassung

- Bereits in diesem Projektstadium muß ein kompetentes, richtig zusammengesetztes Projektteam gebildet, informiert und »in Bewegung gebracht« sein.
- Dominierende Stars und Einzelkämpfer gefährden das im Team zu erarbeitende Ergebnis und sind unabhängig von ihrer fachlichen Eignung dann auszutauschen, wenn sie sich in die Teamarbeit nicht einfügen.
- Alle Veränderungsrollen müssen für das Projekt richtig besetzt sein, sonst ist der reibungslose Projektablauf gefährdet.
- Kommunikation des Projektzieles und der gewählten Vorgangsweise im Unternehmen verhindert Gerüchte und frühzeitige Verhinderungsmaßnahmen.

Aus dem Instrumentenkoffer

Projektmanagement

Eigentlich erübrigt es sich, etwas über Projektmanagement zu schreiben – darüber gibt es genug Fachliteratur. Trotzdem möchte ich kurz auf einige wichtige Einzelheiten eingehen.

Es gibt unzählige (gute) methodische Ansätze zum Projektmanagement, es gibt viele (gute) Software zur Unterstützung. Folgende Grundregeln sollten in allen Fällen beachtet werden:

Meilensteine

Setzen Sie sich Teilprojektziele in Form von Meilensteinen.
- Meilensteine sind exakt definierte Endpositionen einzelner Projektphasen. Es darf also nicht etwa heißen: »Projektteam bilden« – das beschreibt die Tätigkeit innerhalb einer gewissen Frist – sondern: »Das Projektteam ist gebildet«, nicht: »Finan-

zierung des Projektes sicherstellen«, sondern: »Die Mittel zur
Projektfinanzierung sind aufgebracht«.
- Das *was* und das *wann*, nicht das *wie* sind wichtig.
- Jedem dieser Meilensteine muß ein exakter Zeitpunkt zugeordnet sein, zu dem er erreicht sein muß.
- Überlegen Sie in einem nächsten Schritt, in welcher Form
diese Meilensteine zusammenhängen, welchen Hauptgrup-
pen sie zugeordnet werden können (etwa Ressourcen, Technik, Markt etc.) und welche Meilensteine die Voraussetzung
für andere sind.

Aktivitäten

Definieren Sie die notwendigen Teilaktivitäten für die Erreichung dieser Meilensteine und den damit verbundenen Zeitaufwand.
    Verwenden Sie für die Erstellung dieser Projektpläne eine
unterstützende Software Ihrer Wahl, wobei die komplexeste
und professionellste Lösung nicht immer die für das Projekt die
am besten passende ist.

Verantwortlichkeiten

Ordnen Sie diesen Teilaktivitäten klare Verantwortlichkeiten
zu, wobei sich folgende Unterteilung empfiehlt (verwenden Sie
die Anfangsbuchstaben zur Kennzeichnung der Projektmit-
glieder!):
- *V*erantwortlich für die Durchführung der Teilaktivität;
- *U*nterstützt den Verantwortlichen bei der Durchführung;
- *E*ntscheidet im Rahmen der Teilaktivität (meist mit *V* identisch);
- Muß über die Entscheidungen im Rahmen der Teilaktivität
*I*nformiert werden.
Auch für diese Verantwortlichkeits-Matrix gilt: Die komplexeste unterstützende Software ist nicht immer die beste, oft tut's
ein simples Excel-Sheet!

Thema 3
Den Ausgangspunkt feststellen

> Auch am Anfang einer langen Reise
> steht der erste Schritt.
>
> Lao Tse

Ich ersuche um Nachsicht für dieses vielstrapazierte Zitat.

Haben Sie aber tatsächlich schon einmal darüber nachgedacht, wieviel Bedeutung, wie viele Bedeutungen darin stecken?

Auch am Anfang einer langen Reise steht der erste Schritt
oder besser:
Auch am Anfang Ihrer langen Reise steht der erste Schritt.

Die Bedeutung hängt ganz von der Betonung ab, die Sie setzen:

- Auch AM ANFANG Ihrer langen Reise steht der ERSTE Schritt.

Wenn Sie den ersten Schritt nicht machen, hat Ihre Reise noch nicht begonnen. Ohne diesen wichtigen ersten Schritt wird sie auch nie beginnen – denn wenn Sie aktionslos warten, bis etwas passiert, bestimmen nicht Sie die Richtung, sondern sie wird Ihnen von Ihrem Umfeld, etwa vom Markt, von der Konkurrenz, vom Gesetzgeber oder – schlimmer – von Ihrer Bank aufgezwungen, dann ist es aber nicht mehr *Ihre* Reise, erreichen Sie nicht mehr *Ihr* Ziel.

Und sollten Sie diesen ersten Schritt zwar setzen, aber in die falsche Richtung, dann geht die Reise in eine ganz andere Richtung, als Sie erwarten. Zeitraubende, riskante Umwege sind unvermeidbar. Sie müssen daher gleichermaßen Ihr Ziel und Ihre Ausgangsposition kennen, um diesen wichtigen ersten Schritt richtig zu setzen.

- Auch am Anfang Ihrer LANGEN Reise steht der erste Schritt.

  Egal, wie lang Ihre Reise ist, egal wie komplex und schwierig die Aufgabe ist, der *erste* Schritt hat eine wesentliche Bedeutung. Mit diesem ersten Schritt bestimmen Sie die Richtung
  und damit den Erfolg Ihrer Reise.

- AUCH AM ANFANG Ihrer langen Reise steht der erste Schritt.
  Auch, das heißt, nicht nur am Anfang Ihrer Reise steht der
  erste Schritt. Sie werden im Laufe dieser Reise, im Laufe Ihrer
  Projekte noch unzählige »erste Schritte« setzen müssen, immer
  wieder mit der Notwendigkeit konfrontiert, die richtige Richtung zu finden, die richtige Schrittlänge zu finden.

- Auch am Anfang IHRER langen Reise steht der erste Schritt.
  Wenn Sie so selbstherrlich und überheblich sind zu glau-
  ben, daß diese Weisheit für Ihre Reise nicht gilt, dann werden
  Sie sich wundern. Alte Weisheiten und Märchen haben näm-
  lich eines gemeinsam: Sie wurden nicht für einen bestimmten
  Zweck formuliert und geschrieben, sondern sie enthalten all-
  gültiges Wissen, anwendbar und gültig über alle Zeit, alle
  Wirklichkeiten.

Betrachtungen über
den da-seienden Narren

In diesem Kapitel habe ich Probleme mit meiner Leitfigur!
Der Narr hat es nämlich nicht nötig, seine *Ist*-Situation zu
analysieren. Für ihn ist die Gegenwart nicht wichtig, denn erstens ist sie schon Vergangenheit, bevor er noch Zeit dazu findet, darüber nachzudenken – und zweitens ist sein Blick nach
vorne, in die Zukunft gerichtet.

Aufgabenstellung

Wenn schon – gezwungenermaßen und notwendigerweise –
eine Analysephase, dann mit den folgenden klaren Grundsätzen
und Leitlinien:

• Die Analyse sollte in möglichst rascher Zeit abgeschlossen
  sein.

Ziehen Sie sich mit Ihrem Projektteam lieber mehrere ver-
längerte Wochenenden in eine einsame Berghütte (oder ein

komfortables Hotel) zurück, statt alle zwei Wochen eine halb-
tägige »Analysesitzung« einzuberufen. Die Teilnehmer werden
im Trubel der Tagesarbeit vergessen haben, was beim letzten
Mal erarbeitet wurde, ihre Hausaufgaben haben sie meistens
nicht gemacht, und eigentlich beginnt man immer wieder von
neuem und dreht sich im Kreis.

Machen Sie den Teilnehmern des Projektteams klar, daß bereits jetzt ein nicht unbeträchtlicher Zeitaufwand auf sie zu-
kommt – nicht unbeträchtlich schon allein deswegen, weil die
Tagesarbeit im Unternehmen ja auch erledigt sein muß, also –
mit Ausnahme weniger, vielleicht für das Projekt freigestellter
Mitarbeiter – zusätzliche Arbeit geleistet werden muß.

Setzten Sie einen externen Berater ein und versucht Ihnen
der beizubringen, daß »alle Teamteilnehmer in den nächsten
sechs Monaten mindestens 75 % zur Verfügung stehen müssen«,
dann werfen Sie ihn wieder raus. Denn erstens sind sechs Monate für die Analysephase jedes Projektes zu lang, und zweitens
hat er dann nicht verstanden, daß auch das Unternehmen in der
Zwischenzeit weiter funktionieren muß – und Berater, die solche grundlegenden Dinge in einem Unternehmen nicht verstehen, sind gefährlich.

Bietet Ihnen Ihr Berater ausschließlich die Analysephase an,
ohne sich für die Phase der Neugestaltung festzulegen, dann
zwingen Sie ihn dazu. Verweigert er überhaupt, sich an der
Gestaltungsphase zu beteiligen, dann suchen Sie sich einen anderen. Mit Ausnahme von »Schnellanalysen« im Sinne eines
Benchmarkings, die klar definierte Eckdaten liefern können,
ist jede Analysephase ohne nachfolgende, vom selben Berater –
oder mindestens dessen Kooperationspartner – begleitete Gestaltungsphase fragwürdig. Denn jeder neue Berater, der auf
der Grundlage der so erhobenen Daten arbeiten soll, wird diese
vorerst einmal in Frage stellen.

Was heißt jetzt »rasch abgeschlossen sein« für die Analyse-
phase? Allgemein gilt, daß alle Phasen bis zum Beginn der
Implementierung zusammen nicht länger als sechs Monate
dauern sollen, sonst wird das Projekt immer träger (denken
Sie daran, der Narr schreitet leichtfüßig voran!). Eine separate
Analysephase sollte nie länger als drei Monate dauern.

- Die Analyse sollte nicht nur nahtlos in die Neugestaltung übergehen, sondern es empfiehlt sich in den meisten Fällen, beide Phasen zusammenzuziehen.

Es geht nicht nur um den Zeitgewinn. Gerade bei der Analyse von Prozessen hat sich immer wieder gezeigt, daß das Team eine relativ lange Anlaufzeit braucht, um überhaupt prozeß-orientiert zu denken – und daß es einfacher ist, zu einem Zeitpunkt über die Frage »Wie wollen wir es in Zukunft machen?« nachzudenken, zu dem die *Ist*-Situation deutlich geworden ist: Dann ist es manchmal verblüffend leicht, ein für alle Bereiche geltendes *Soll* zu definieren und darüber einen Konsens zu finden.

- Das Ergebnis der Analysephase (sofern sie von der Phase der Neugestaltung getrennt durchgeführt wird) muß im Unternehmen ausreichend und deutlich kommuniziert werden.

Vorgangsweise

Was ist denn jetzt eigentlich zu analysieren?

Ich gehe davon aus, daß die strategische Ausrichtung des Unternehmens ausreichend genau definiert ist, die Eckdaten des
Rechnungswesens sowie etwaige Prognoserechnungen und
wirtschaftliche Zielvorgaben vorliegen und das Ziel des Projektes klar definiert ist. Ist das nicht der Fall, müssen zuerst die
Grundlagen geschaffen werden – also zurück an den Start!

Im Rahmen eines prozeßorientierten Projektes zur Leistungssteigerung setzten wir uns mit drei Ebenen auseinander:

• Organisation und Funktion
• Prozesse und Verantwortlichkeiten
• Aktivitäten

Die Analyse der vorhandenen unterstützenden Systeme (Soft-
und Hardware) ist ebenfalls ein wichtiger Bestandteil der Analysephase.

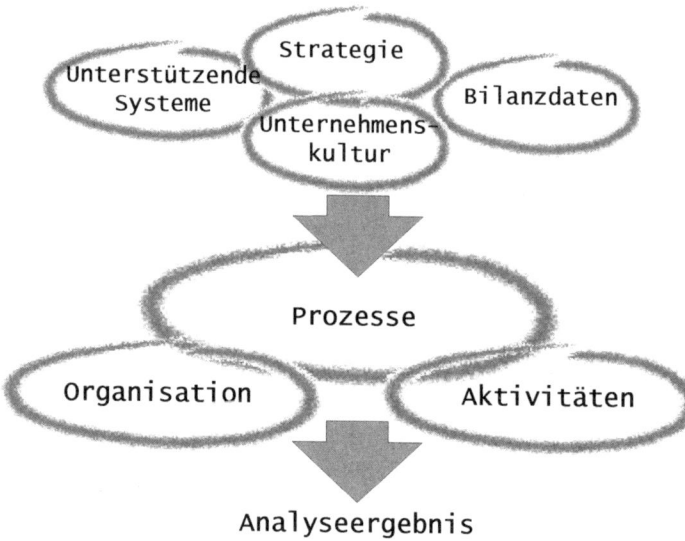

Ein kurzer Blick in die Vergangenheit

Ich will jetzt keine Abhandlung über die Geschichte des Reengineering schreiben, daher so komprimiert wie möglich: Lange
Zeit hat man sich fast ausschließlich mit der Organisation
beschäftigt, Optimierung hieß fast immer Reorganisation,
Neuverteilung der Funktionen, Veränderung der Hierarchieebenen:

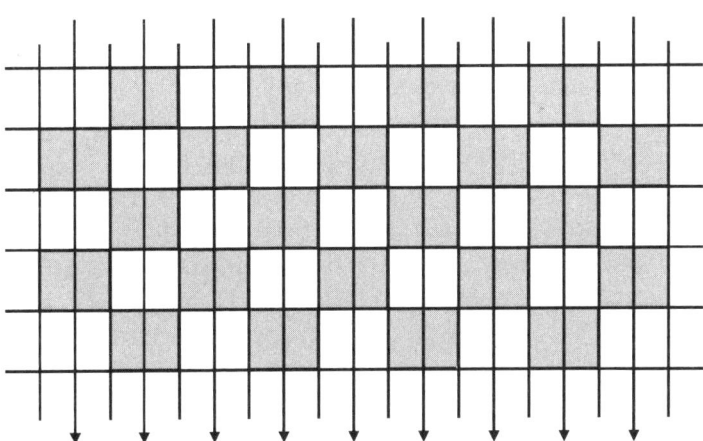

Die Nachteile:
- Bereiche und Abteilungen werden zu egoistischem, isolier-
  tem Denken erzogen.
- Bereichsübergreifende Projekte sind äußerst schwer reali-
  sierbar.
- Die Kommunikation ist erschwert.

Der nächste Schritt – die hohe Zeit des *Reengineering* als Wun-
dermittel:

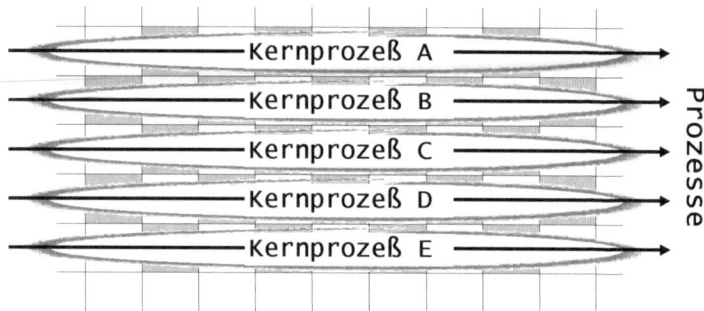

Die Vorteile:

• Prozesse sind bereichsübergreifend, unabhängig von Abteilungsgrenzen definiert.
• Bereichsübergreifendes Denken und Zusammenarbeit wird gefördert.
• Die Kommunikation ist einfacher geworden.

Die *Betrachtung der Aktivitäten* (nach deren Nutzen für den Kunden!) muß die prozeßorientierte Betrachtung ergänzen:

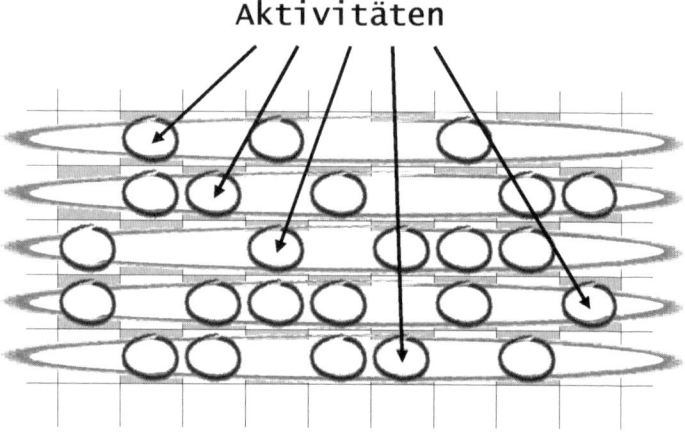

Die Nachteile des klassischen Reengineerings, wie es die »Hardliner« durchgeführt – und vielfach auch mißbraucht – haben, liegen klar auf der Hand:

- Die Einbeziehung der Mitarbeiter beschränkt sich auf deren Aktivitäten und Verantwortlichkeiten.
- Die notwendige Anpassung der Organisationsstruktur wird oft vergessen.
- Faktoren wie Unternehmenskultur, Unternehmensklima und Mitarbeiterzufriedenheit spielen eine äußerst untergeordnete Rolle.

Ganzheitlicher (und daher närrischer) Ansatz

Es gilt also im Sinne einer ganzheitlichen Betrachtung,
- die Menschen im Unternehmen in ihrem kulturellen und organisatorischen Umfeld
- die Prozesse und Verantwortlichkeiten
- die Aktivitäten und deren Kundennutzen
in ein Projekt zur Leistungssteigerung mit einzubeziehen.

Das ist auch die Grundlage für das Vorgehen in der Analysephase.

Wie kann diese Analyse durchgeführt werden?

Grundsätzlich muß die *Ist*-Analyse in gemischten Teams (siehe Teambildung und Teamarbeit S. 89) durchgeführt werden, um sicherzustellen, daß
- alle in den jeweiligen Kernprozeß involvierten Bereiche einbezogen wurden;
- ein weitreichender Konsens bereits über die *Ist*-Situation gefunden werden kann (sonst wird es in der Phase der Neugestaltung nahezu unmöglich sein, Übereinstimmung zu finden);
- Vertreter aller Hierarchieebenen mit einbezogen wurden.

Ich erspare Ihnen die detaillierte Beschreibung möglicher und bewährter Methoden der Analyse, denn erstens gibt es dafür genug Fachliteratur und zweitens muß die Methodik an die Unternehmenskultur angepaßt werden. Ich gehe davon aus, daß die Analyse unter Hinzuziehung eines möglichst neutralen Moderators in Teamworkshops durchgeführt wird. Ob sie mit Flipcharts, Pinnwänden und gelben Klebezettelchen arbeiten oder die High-Tech-Variante (Dokumentieren und Zeichnen direkt im PC unter Verwendung eines Beamers) vorziehen, hängt von den technischen Voraussetzungen ab – und noch wesentlicher davon, wie die Teammitglieder es gewohnt sind, zu arbeiten.

Eines ist jedoch wichtig: Wenden Sie unbedingt in allen Workshops und für alle Teilthemen identische Methoden an, sonst sind die Ergebnisse kaum vergleichbar. Und dokumentieren Sie das Ergebnis der Analyse schriftlich in einheitlicher Form (Prozeß-Landkarten, Flow-Charts, Verantwortlichkeits-Matrix …).

Ein Vorschlag aus der Praxis für eine etwas närrischere Vorgangsweise

Eine Vorgangsweise hat sich in der Praxis bewährt: Führen Sie die Phasen der Analyse und der Neugestaltung gemeinsam durch! Schließen Sie an die Analyse der einzelnen Teilprozesse sofort die Diskussion über die Neugestaltung an. Das kann so weit gehen, daß Sie die *Ist*-Situation überhaupt nur als Arbeitsbehelf dokumentieren und sofort eine für alle Bereiche gültige *Soll*-Konzeption finden. Der Vorteil liegt auf der Hand: Das Team ist unmittelbar nach der erfolgten *Ist*-Analyse für den jeweiligen Teilablauf sensibilisiert, der Konsens ist leichter erzielbar. Vergeht zwischen *Ist*-Analyse und *Soll*-Konzeption zu viel Zeit – und ändert sich womöglich die Zusammensetzung der Teilteams –, wird in der Gestaltungsphase das *Ist* möglicherweise wieder in Frage gestellt, diskutiert, manipuliert.

Aber ich warne davor, das *Ist* – weil es einfacher ist, ungefährlicher, weniger Emotionen hervorruft – leichtfertig zum *Soll* zu erklären. So werden alte, mangelhafte Strukturen festgeschrieben und sind nachher nur mehr schwer und mit hohem Aufwand änderbar. Dieser Fehler wird gerne im Vorfeld der Einführung unternehmensweit integrierter Software-

systeme gemacht: Sind falsche Strukturen, Abläufe, Verantwortlichkeiten einmal so einzementiert, werden sie sozusagen
zum Dogma – niemand denkt mehr daran, sie zu ändern, und
wenn sie geändert werden, kostet das viel Geld.

Ergebnis

Abgesehen von närrischen Varianten ist das Ergebnis der Analysephase klar:
• *IST-Prozesse* und *Verantwortlichkeiten* sind definiert und schriftlich dokumentiert.
• Die *Aktivitäten* sind nach ihrem Kundennutzen bewertet,
ohne die werterhaltenden Aktivitäten außer acht zu lassen.
• Das *Ergebnis* der Analyse und die weitere Vorgangsweise ist
im Unternehmen kommuniziert.

Variation: Sinn und Unsinn der Analyse

Ich habe es am Anfang dieses Kapitels gesagt: Der Narr hat es
nicht nötig zu analysieren.
  Da es (noch) viel zu wenige Narren in den Unternehmen
gibt, kommen wir trotzdem um die Analyse dessen, was wir
tun, nicht herum – auch nicht am Beginn eines Projektes zur
Leistungssteigerung.
Aber Sie sollten sich immer bewußt sein,
• daß Sie mit jeder Analyse eigentlich die Vergangenheit analysieren, denn die Gegenwart ist in dem Augenblick, wo wir
sie betrachten und festzuhalten versuchen, schon wieder ver-
gangen;
• daß das Ergebnis dieser Analyse immer zu spät vorliegt, nämlich dann, wenn die Realität schon wieder ganz anders aussieht;

• daß die Analyse allein bedeutungslos ist, wenn ihr nicht ein
definiertes Ziel zur Seite steht.

Vielleicht lassen Sie die Analyse ganz weg?

Das ist jetzt der Ansatz des Narren: Wozu sich mit der Gegenwart beschäftigen, die ja schon Vergangenheit ist? Diese radikale Vorgehensweise empfiehlt sich aber nur bei besonderen
Voraussetzungen:

• Die Unternehmenskultur ist eine offene. Radikale Änderungen können daher leichter eingeleitet werden.

• Das Unternehmen ist »jung«, nicht im Sinne des durchschnitt-
lichen Lebensalters, sondern weil verkrustete Strukturen weitgehend fehlen und daher nicht erst mühsam aufzubrechen
sind.

• Die Branche ist eine dynamische, in der Wachstum und Tech-
nologieentwicklung laufende Veränderungen ohnehin nötig
machen.

Auch eine andere Unternehmenssituation kann es zwingend
notwendig machen, sich nicht mit dem *Ist* aufzuhalten: Das
Unternehmen befindet sich in einer Existenzkrise, die das
Überleben in Frage stellt. In diesem Fall ist weder Zeit für mo-
natelange Analysen, noch können – wie ich es in allen anderen
Fällen empfehle – Veränderungsmaßnahmen schrittweise im-
plementiert werden. Radikale Änderungen sind überlebens-
notwendig.

Die Analyse weglassen heißt, die Vergangenheit vergessen
und an der Zukunft arbeiten, radikale neue Ansätze finden,
den Durchbruch schaffen. Als Standardmethode empfehle ich
dieses Vorgehen jedoch nicht. Allzuviel ist durch radikales
Reengineering schon zerstört worden, gewachsene Strukturen, ganze Unternehmenskulturen. Und immer dann, wenn
die herrschende Unternehmenskultur solche radikalen Änderungen nicht unterstützt, werden diese dazu führen, daß die
Bereitschaft für zukünftige Änderungen im Sinne des vorher
erklärten Veränderungskreislaufes nicht mehr da ist.

Kadenz: Wie lang dauert lang?

Ein kleiner Ausflug zum Thema: Wie lang darf ein Projekt zur Leistungssteigerung dauern?

Sie werden bei jedem tiefgreifenden Projekt dieser Art auf zwei extreme Reaktionen treffen:

Die Verweigerer

Die Verweigerer, das sind diejenigen, die Angst haben vor jeder Veränderung – oder zumindest vor der, die sie selbst und ihren Bereich betrifft. Diese Verweigerer werden unmittelbar nach Bekanntwerden des Projektes versuchen, dieses – oder wenigstens dessen Auswirkung auf ihr Umfeld – zu verhindern oder zu verzögern. Ich komme in einem späteren Kapitel unter »Verhinderungstaktiken« darauf im Detail zurück.

Je länger ein Projekt dauert – in welcher Phase auch immer –, um so mehr Zeit haben die Verweigerer, ihre Taktik auszufeilen, ihre Barrieren zu errichten, sogar andere mit einzubeziehen. Ganz besonders schlimm ist das in den Phasen, wo ja noch nicht wirklich »etwas passiert«, wenigstens für jene, die das Projekt von außen beobachten. Das heißt also in allen Phasen bis zur Implementierung.

Unterschätzen Sie diese Verweigerer nicht – erstens kommen sie aus allen Hierarchieebenen und können daher sehr einflußreich sein, und zweitens sind sie (so kurios das jetzt klingt) engagierte Mitarbeiter im Projekt, denn auch dagegen arbeiten bedarf Engagement. Gelingt es Ihnen, diese Mitarbeiter in das Projekt aktiv mit einzubeziehen, wird es zum Nutzen des Projektes sein – selbst dann, wenn diese noch immer verweigern, denn die Probleme, die so auf das Projekt spätestens in der Implementierungsphase zukommen, sind dann schon früher bekannt – und es können Gegenmaßnahmen getroffen werden. Und wenn es gelingt, solch einen Verweigerer zu überzeugen, daß es sinnvoll ist, am Projekt aktiv und konstruktiv mitzuarbeiten, haben Sie ein wertvolles Teammitglied gewonnen.

Je länger also die Zeit bis zur Realisierung konkreter
Projektteile dauert, desto eher werden Sie auf die behindern-
den, ja zerstörerischen Spuren dieser Verweigerer stoßen. Ihr
Projekt wird länger dauern, schwieriger zu implementieren
sein, höhere Kosten verursachen, ja vielleicht sogar daran
scheitern.

Die Ungeduldigen

Die zweite für ein solches Projekt kritische Gruppe sind die
Ungeduldigen, die am liebsten alle Vorphasen – und schon gar
die Analyse – weglassen würden und gleich ganz konkrete
Veränderungsmaßnahmen einleiten wollen. Diese Ungeduldigen sind wertvolle Projektmitarbeiter, denn sie engagieren
sich, sind grundsätzlich von der Notwendigkeit von Veränderungsmaßnahmen überzeugt und treiben das Projekt auch
voran.

Diese Ungeduldigen können aber das Projekt auch gefährden, indem sie die Mitarbeit in den – ihnen »viel zu trägen«
Arbeitsteams verweigern und ihr eigenes Süppchen kochen.
Und – siehe oben – auch diese Ungeduldigen werden natürlich in den Phasen bis zur Implementierung ganz besonders
ungeduldig sein.

Wie lang ist jetzt wirklich lang? Der Narr hat seine Probleme mit konkreten Zeitangaben, denn er braucht weder
Uhr noch Kalender – aber er würde sagen: So kurz wie
irgendwie möglich!

Zusammenfassung

Überlegen Sie vor Beginn dieses Arbeitsschrittes,
• in welchem Umfang die Analyse durchgeführt werden muß,
• in welcher Form die Analyse durchgeführt werden muß,

- ob Analyse- und Gestaltungsphase nicht zusammengefaßt werden können,
- ob die Analyse nicht überhaupt weggelassen werden kann.

Wesentliche Faktoren sind:
- Die Analysephase soll so kurz wie möglich sein, da sie aus der Sicht der Mitarbeiter im Unternehmen keinen sichtbaren Fortschritt bringt.
- Vergessen Sie nie, daß Sie die Vergangenheit analysieren. Und daß das Ergebnis logischerweise erst dann vorliegt, wenn die Entwicklung Ihres Unternehmens, der Technik und des Marktes bereits weitergegangen ist.
- Analysieren Sie Prozesse und Aktivitäten, und beschäftigen Sie sich erst dann mit der Organisationsstruktur.
- Finden Sie eine für Ihr Unternehmen und Ihr Projekt geeignete Darstellungsform für das Ergebnis.
- Finden Sie sich nicht leichtfertig mit dem *Ist* ab – überlegen Sie mit Ihren Mitarbeitern, ob das wirklich der richtige Weg ist.
- Lassen Sie die Analyse nahtlos in die Neugestaltung übergehen, jede Pause dazwischen gefährdet den Projektfortschritt und damit das Projekt.
- Kommunizieren Sie das Ergebnis der Analyse im Unternehmen, und teilen Sie Ihren Mitarbeitern auch mit, wie das Projekt weitergehen wird.

Aus dem Instrumentenkoffer

Dokumentation von Prozessen

Es gibt unzählige Methoden, Prozesse aufzuzeichnen – alle haben Vor- und Nachteile, sind in bestimmten Situationen zu empfehlen und in bestimmten nicht. Ich will daher keine der Methoden näher erläutern und schon gar keine vollständige Dokumentation liefern (dem Narren sind die Methoden sowieso völlig egal – er geht einfach weiter seinem Ziel entgegen).

Welche Methode Sie einsetzen, hängt davon ab,
• wie detailliert die Abläufe dokumentiert werden sollen und
• wie die Arbeitsteams zusammengesetzt sind.

In vielen Fällen wird es ausreichend sein, in der Analysephase nur die Grobstruktur zu dokumentieren und erst in der Gestaltungsphase auf Aktivitätenebene zu gehen.

Ich skizziere ganz kurz zwei extreme Methoden und verweise einerseits auf die Fachliteratur, auf viele gute EDV-Programme zum Support der Prozeßdokumentation und -simulation und auch darauf, daß natürlich alle Zwischenstufen zwischen diesen beiden Extremen möglich und unter Umständen sinnvoll sind.

Extrem 1 – Die Prozeßlandkarte
(*sozusagen die Vogelperspektive*)

Die Grundregeln sind einfach:

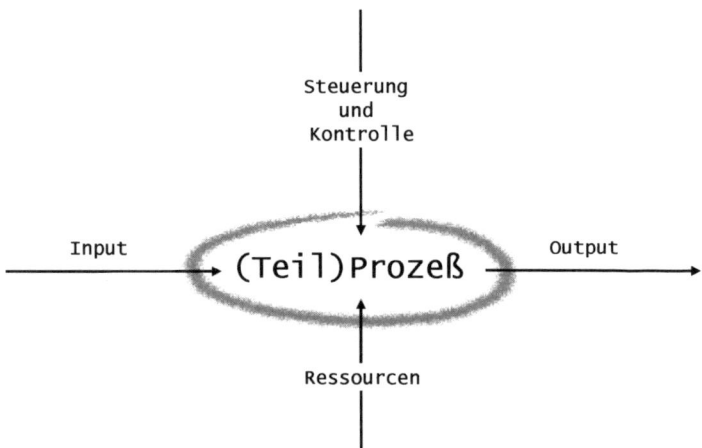

Zur Erläuterung der Begriffe:

- Der *Input* ist das, was den Teilprozeß auslöst – dieser Input ist üblicherweise der Output eines anderen Teilprozesses.
- Der *Output* ist das Ergebnis dieses Teilprozesses und wird in den meisten Fällen wieder der Input für den Folgeprozeß sein.
- Die *Ressourcen* sind alles, was zur Durchführung des Prozesses notwendig ist, also z.B. Personal, Maschinen, Kapital, Betriebsgebäude, Dokumente, unterstützende Systeme.
- Unter *Steuerung und Kontrolle* fallen alle Einflüsse von anderen Subprozessen, die zur Abwicklung dieses Teilprozesses zwar nicht zwingend notwendig sind, aber auf ihn steuernd und kontrollierend einwirken, wie z.B. Controlling, Budget, Strategie, Kreditkontrolle.

Beginnen Sie mit dem Zeichnen dieser Landkarte auf sehr hohem Niveau – zumindest aber bei den Kernprozessen Ihres Unternehmens (die Sie natürlich vorher definieren müssen). Gehen Sie dann Schicht für Schicht tiefer – wie wenn Sie aus der Satellitenperspektive auf die Wanderkarte Ihrer Heimatregion herabstoßen.

Und noch etwas: Ändern Sie die oben skizzierten Regeln der Darstellung dann, wenn dadurch die Prozeßlandkarte besser lesbar wird – dann kann ein Input ruhig auch von oben kommen und der Output unten weggehen.

Extrem 2 – Detailablauf nach Aktivitäten
(sozusagen die Mikrostruktur)

Das Prinzip ist klar: Darstellung der kleinsten Strukturen und Abläufe innerhalb der Prozesse des Unternehmens – gleichsam die Wanderkarte, auf der jeder Wegweiser, jeder Pfad, jeder Stein und jedes Wirtshaus eingezeichnet ist.

Vorsicht bitte: Der Narr braucht eine solche Karte nicht – und auch Sie sollten sie nur dann zeichnen, wenn diese Detaillierung unbedingt notwendig ist – um etwa ein integriertes Softwaresystem einzuführen, detaillierte Abläufe im Qualitätsmanagement festzulegen.

Thema 4
Neugestaltung und Neubeginn

Betrachtungen über den neu-gierigen Narren

> Im Leben gibt es keine Lösungen ...
> Es gibt nur Kräfte, die in Bewegung sind.
> Man muß sie erzeugen, und die Lösungen werden folgen.
>
> **A.** de Saint-Exupéry

Die unverdorbene Neugier des Narren führt zu neuen Strukturen.

Der Narr ist neugierig. Und gerade diese Neu-Gier, diese Gier nach neuen, ungewöhnlichen Dingen, macht ihn so wertvoll für das Unternehmen:

- als Impulsgeber, der nicht zuerst darüber nachdenkt, warum etwas »nicht geht«, weil es vielleicht zu neu ist, weil es vielleicht Tabus verletzt;
- als der Mitarbeiter, der die Ideen einbringt, die gerade deswegen so gut sind, weil sie unerwartet kommen – und daher dafür sorgt, daß in festgefahrene Rituale wieder die notwendige Bewegung kommt;
- Tabus, »Blind Spots« im Unternehmen binden Energie, verhindern kreative Ideen, verringern die Chance, daß es Mitarbeiter wagen, sich närrisch genug zu benehmen.

Der Narr belastet sich nicht mit unnötigen Dingen.

Der Narr hat sehr wenig Ballast bei sich, der ihn daran hindert, leichtfüßig den Abgrund zu überschreiten. Sein Bündel enthält aber alles, was er für seinen weiteren Weg braucht, alles, was er benötigt, um eine neue Ebene seiner Entwicklung zu erreichen und dort den Prozeß der Veränderung wieder von neuem zu beginnen.

Auch daraus können wir lernen, Prozesse und Organisationen schlank und flexibel zu gestalten, uns von unnötigem Ballast zu trennen. Mit der dadurch freigesetzten Energie und den freigewordenen Ressourcen können neue Wege beschritten, neue Märkte erschlossen werden.

Der Narr ist frei von Vorurteilen
und Beschränkungen.

Der Narr läßt sich durch irgendwelche Beschränkungen, die aus seiner momentanen Situation entstehen, nicht von seinem Weg abhalten. Er weiß, daß er diesen Weg gehen will – daher weiß er auch, daß er imstande ist, diesen Weg zu gehen. Und genau diese Sehnsucht ist es, die ihn dazu befähigt.

Die Analogie zu – richtig gestalteten – Optimierungsprozessen im Unternehmen ist klar: Das Wissen um die Vergangenheit ist belastend, denn damit kann ich die Zukunft nicht gestalten. Erst wer losgelöst von Vorurteilen, Ängsten, Zwängen der Vergangenheit Abläufe im Unternehmen neu ordnet, wird erfolgreich sein.

Aufgabenstellung

Die Phase der Gestaltung dient dazu, umsetzbare Lösungsvor-schläge zu erstellen und den Umsetzungsplan zu erarbeiten:

• Barrieren erkennen und deren Überwindung erfolgreich ein-leiten;
• Erarbeiten umsetzbarer, mit den strategischen Zielsetzungen des Unternehmens und der Unternehmenskultur in Einklang zu bringender konkreter Lösungsvorschläge;
• Bewertung dieser Lösungsvorschläge und deren Auswirkun-gen auf das Unternehmen und seine Mitarbeiter;
• Konsens im Projektteam über die ausgewählten *Soll*-Prozesse finden;
• Dokumentation der *Soll*-Prozesse und Verantwortlichkeiten,
• Erstellen eines detaillierten Umsetzungsplanes;
• Kommunikation der Ergebnisse und der geplanten weiteren Vorgangsweise im Unternehmen.

Vorgangsweise

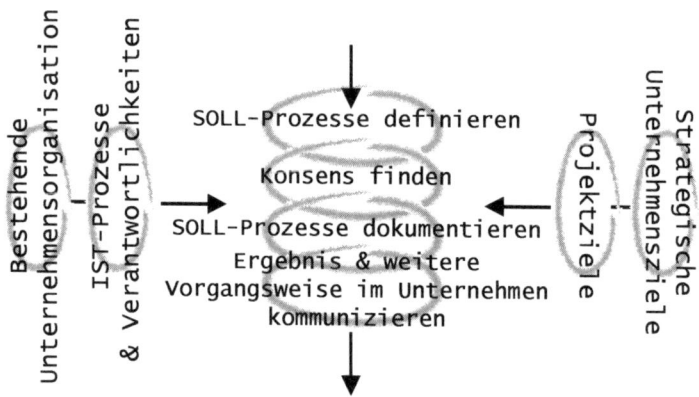

Es versteht sich von selbst, daß – sofern die *Soll*konzeption nicht gleichzeitig mit der Analysephase durchgeführt wurde – die *Ist*-Prozesse und Verantwortlichkeiten unter Berücksichtigung der bestehenden Unternehmensorganisation eine der Grundlagen für das *Soll* bilden. Über die Gefahren dieser Einbeziehung des *Ist* habe ich im letzten Kapitel genug erzählt. Ebenso wichtig ist selbstverständlich die Berücksichtigung der strategischen Unternehmensziele, sofern diese nicht in den Projektzielen bereits berücksichtigt worden sind.

Vieles, was für die Vorgangsweise in der Analysephase gilt, gilt analog auch für diese Projektphase und wurde schon im vorigen Kapitel abgehandelt.

Es muß Ihnen bewußt sein: Der Narr ist Ihnen in dieser Phase weit voraus, denn statt zu analysieren, hat er sich schon auf den Weg gemacht und hat bereits einige Abgründe überwunden, die noch vor Ihnen liegen.

Barrieren (Abgründe) und deren Überwindung

Sie haben es in den vorangegangenen Projektphasen schon gemerkt – oder in den vorigen Kapiteln dieses Buches gelesen – es warten einige Hindernisse auf dem Weg in die Veränderung auf Sie.

Wesentlich ist es, diese Hindernisse
- zeitgerecht zu erkennen,
- deren Einfluß und Gefahr realistisch zu bewerten,
- konkrete Maßnahmen zu deren Überwindung einzuleiten.

Ein *Soll*-Konzept, das naiv davon ausgeht, daß es keine Hindernisse geben wird, ist spätestens in der Implementierungsphase zum Scheitern verurteilt – denn eins ist sicher: Es wird Hindernisse geben. Denken Sie an die natürliche Angst vor der Veränderung, denken Sie an die festgefahrenen Strukturen in Ihrem Unternehmen, denken Sie an die Verhinderer.

Nur indem Sie es schaffen, sich bereits vorweg ein klares Bild darüber zu machen, welche Probleme auf Sie zukommen werden, haben Sie eine Chance, sich darauf vorzubereiten und sie auch zu überwinden – oder wenigstens ihre Folgen zu mildern. Wenn Sie stark (und närrisch genug) sind, können Sie natürlich auch ganz kühn über diese Abgründe hinweggehen – Sie sollten aber nicht erst über dem Abgrund draufkommen, daß Sie es nicht schaffen, denn dann liegen Sie drinnen.

Erarbeiten umsetzbarer, mit den strategischen
Zielsetzungen des Unternehmens
und der Unternehmenskultur in Einklang
zu bringender konkreter Lösungsvorschläge

Mit den Teilteams (vorzugsweise in gleicher Besetzung wie in der Analysephase) sind konkrete Möglichkeiten zu erarbeiten, welche Veränderungen durchgeführt werden können. Folgende wesentlichen Voraussetzungen sind unabdingbar notwendig:
• Die Lösungsansätze müssen konkret sein, das heißt keine vagen Zielsetzungen und Phantasien.
• Die erarbeiteten Möglichkeiten für die weitere Vorgangsweise müssen umsetzbar, das heißt ralistisch sein – sowohl bezüglich Inhalt und Umfang, aber auch bezüglich des Zeitplanes für die Umsetzung.
• Es versteht sich von selbst, daß diese Vorschläge mit der strategischen Zielsetzung des Unternehmens und mit der Unternehmenskultur soweit wie möglich in Einklang zu bringen sind.

Bewertung dieser Lösungsvorschläge und
deren Auswirkungen auf das Unternehmen
und seine Mitarbeiter

Die so erarbeiteten Möglichkeiten sind zu bewerten
• nach ihrer voraussichtlichen Auswirkung auf die Leistung des Unternehmens im Sinne der drei Leistungsfaktoren Wirtschaftlichkeit, Effektivität und Effizienz,

- nach der Schwierigkeit, mit der sie durchsetzbar und implementierbar sind
- und nach den Auswirkungen auf die Menschen im Unternehmen

Konsens im Projektteam über die ausgewählten *Soll*-Prozesse finden

Über die so ausgewählten *Soll*-Prozesse und Verantwortlichkeiten ist im Projektteam ein möglichst weitgehender Konsens zu finden. Gibt es im Projektteam selbst bereits extreme Widerstände, so werden sich diese in der folgenden Implementierungsphase vervielfachen. Völlig klar, daß dieser Konsens nicht immer vollständig zu erzielen ist – eine autoritäre Entscheidung des (Teil)Projektleiters ist jedoch nur dann zulässig, wenn klar wird, daß nicht alle Teammitglieder ins Boot zu bekommen sind, und daß die Realisierung des Gesamtprojektes ernsthaft gefährdet.

Dokumentation der *Soll*-Prozesse und Verantwortlichkeiten

Dafür gilt das in der Analysephase über die Dokumentation von Prozessen Gesagte.

Egal, wie detailliert diese *Soll*-Darstellung ist (das hängt von den konkreten Voraussetzungen und Zielsetzungen des Projektes ab), sie muß

- schriftlich dokumentiert sein;
- in ihrem Umfang dem Projektziel und dem Projektumfang entsprechen;
- übersichtlich, lesbar und verständlich sein – und das für *alle* Hierarchieebenen, die betroffen sind;
- auch für den weiterführenden Veränderungsprozeß im Sinne einer ständigen Erneuerung verwendbar sein.

Erstellen eines detaillierten Umsetzungsplanes

Die Phase der Neugestaltung ist keineswegs mit der *Soll*-Dokumentation abgeschlossen. Es muß auch ein detaillierter Umsetzungsplan erstellt werden, der
*   die notwendigen Einzelschritte,
*   die damit verbundenen Verantwortlichkeiten,
*   und einen genauen Zeitplan mit entsprechenden Kontrollpunkten

umfaßt.

Ich empfehle auch hier dieselbe Vorgangsweise wie im Thema 2 unter Projektmanagement beschrieben. Jede andere Vorgangsweise, die diese Voraussetzungen erfüllt, ist natürlich ebenso geeignet.

Kommunikation der Ergebnisse und der geplanten weiteren Vorgangsweise im Unternehmen.

Auch am Ende dieser Phase steht die – nach diesem Schritt besonders wichtige – Kommunikation des Ergebnisses und damit gleichzeitig die Information der Mitarbeiter über die weitere Vorgangsweise. Im nächsten Schritt – der Implementierung der Maßnahmen – werden weit mehr Mitarbeiter in das Projekt involviert sein als bisher, und alle Mitarbeiter werden spätestens jetzt dahinterkommen, daß dieses Projekt auch *sie* betrifft.

Ergebnis

Das Ergebnis dieser Phase sind
*   schriftlich definierte, kurzfristig umsetzbare *Soll-Prozesse*;
*   die damit verbundenen *Veränderungsmaßnahmen* im Unternehmen;
*   der genaue *Umsetzungsplan* dafür.

Kadenz: Wie erkennt man einen guten Unternehmensberater?

Ein Narr kann mehr fragen,
als sieben Weise beantworten können.

Sprichwort

Warum sollte jemand, der sich für weise, für wissend hält,
Fragen stellen? Er gibt ja damit nur zu, irgend etwas nicht zu
wissen – und Weise wissen alles. Er gibt ja damit nur zu, daß
er etwas lernen möchte – und Weise brauchen natürlich nichts
zu lernen. Nur Narren fragen, weil sie neugierig, gierig auf das
Neue sind. Nur Narren fragen, weil sie gar nicht auf die Idee
kommen, sie könnten alles wissen. Nur Narren fragen, denn sie
sind mutig und ehrlich genug dazu und haben es nicht nötig,
sich hinter scheinbarer Allwissenheit zu verstecken. Wenn Sie
sich einen Unternehmensberater leisten, empfiehlt es sich daher, einen möglichst närrischen auszusuchen – denn der kann
noch fragen und zuhören.

Im Zusammenhang mit einem Veränderungsprojekt sind die
nachfolgenden Faktoren (die ich an verschiedenen Stellen der
vorangegangenen Kapitel schon erwähnt habe) wichtig:

- Der Unternehmensberater – oder wenigstens der Projektleiter
  des Beratungsunternehmens – sollte über das Spezialwissen
  hinaus über die notwendige Erfahrung und ganzheitliche
  Sicht verfügen, die zur Umsetzung eines solch närrischen
  Projektes erforderlich ist. Für klar abgegrenzte Teilbereiche
  sind Spezialisten zu bevorzugen, zur Abwicklung und Koor-
  dination des Gesamtprojektes bedarf es der Übersicht.

- Das anregende und – nur scheinbar – kostensparende Spiel,
  für jeden Teilprojektschritt einen anderen Berater einzusetzen und seinen Preis mit Hinweis auf einen möglichen
  Folgeauftrag zu drücken, geht schief: dem Projekt wird die
  Kontinuität fehlen, und jeder neue Berater wird – wenn
  überhaupt – nur Teile der vorangegangenen Arbeit berücksichtigen.

- Berater, die sich nicht wenigstens grundsätzlich bereit erklären, Sie im Gesamtprojekt inklusive der Implementierungsphase zu begleiten, werfen Sie am besten hinaus. Es ist
  klar, daß Ihnen ein seriöser Berater am Beginn des Projektes
  kein verbindliches Angebot für alle Schritte von der Ziel-
  definition bis zur Implementierung legen wird, weil der
  Arbeitsumfang der späteren Phasen ja vom definierten
  Projektziel und von der Komplexität der neudefinierten
  Prozesse abhängt. Aber er sollte die Begleitung insbesondere der Implementierungsphase nicht grundsätzlich aus-
  schließen.

- Schauen Sie sich nicht nur das Beratungsunternehmen an
  (etwa dessen nationalen und internationalen Ruf, wie fach-
  gebietsübergreifend die Beratungsleistungen sind), sondern
  betrachten Sie auch die Menschen, mit denen Sie es konkret zu tun haben. Stimmt die Chemie überhaupt nicht –
  oder kann sich der Berater in Ihre Unternehmenskultur
  nicht einfügen – dann wird er vielleicht mehr Probleme
  schaffen als lösen.

Zusammenfassung

- Die *Soll*-Konzeption muß unmittelbar an die Analysephase anschließen, wenn möglich sollte sie gemeinsam mit dieser durchgeführt werden.
- Finden Sie einen Konsens innerhalb der Projektteams, ohne faule Kompromisse einzugehen – und hinterfragen Sie auch mehrfach, ob es wirklich einen Konsens gibt.
- Erarbeiten Sie möglichst konkrete Lösungsvorschläge, die realistisch und wenigstens mittelfristig umgesetzt werden können.
- Dokumentieren Sie diese *Soll*-Konzeption in derselben Form wie das Analyseergebnis, wobei in diesem Fall ein sehr hoher Detaillierungsgrad angebracht ist.
- Beziehen Sie spätestens in dieser Phase interne oder externe Berater als »neutrale« Moderatoren in das Projekt mit ein.
- Kommunizieren Sie das Ergebnis und die weitere Vorgangsweise in einer Form, die der Bedeutung des Projektes und Ihres Unternehmens entspricht.

Aus dem Instrumentenkoffer

Klausur – lästige Verpflichtung oder
lockerer Betriebsausflug?

An einigen Stellen des Projektablaufes empfiehlt sich eine Klausur – sei es etwa der Teilprojektteams, um gemeinsam ein besonders komplexes Problem zu lösen, sei es eines Teiles des Unternehmens, um die (Teil)Projektergebnisse zu kommunizieren.

Klausur heißt: In angemessener Entfernung vom Unternehmensstandort wird ein geeigneter Platz gefunden, an dem die Workshops und Präsentationen in einem angemessenen Zeitumfang durchgeführt werden können.

Angemessene Entfernung

Eine angemessene Entfernung vom Unternehmensstandort ist
dann gegeben, wenn die Klausurteilnehmer einerseits nicht zwi-
schendurch nach Hause (oder ins Unternehmen) fahren, andererseits aber nicht unnötig Zeit für die Anreise verschwendet
wird. Die Entfernung sollte also etwa 1-1,5 Autostunden be-
tragen, wobei sich die Anreise im Bus statt in Privatautos empfiehlt – die »Flucht« wird dadurch erschwert.

Geeigneter Platz

Ein geeigneter Platz ist ein attraktives Seminarhotel, das nicht
nur Arbeitsräume in der entsprechenden Größe, sondern auch
entsprechende Zimmer bietet. »Kommunikationseinrichtun-
gen« wie Bar und Sauna sollten vorhanden sein, sie erleichtern
es außerdem, die Teilnehmer auch abends im Haus zu halten.

Wie Sie richtig erraten, habe ich auch hier eine närrische
Anregung zu machen:

Suchen Sie nicht ein »gewöhnliches« Hotel aus, sondern ein
außer-gewöhnliches. Mein Traumplatz in Österreich ist eine
recht einsam gelegene Burg, der Wirtschaftshof ist ein Hotel,
und die ehemalige Schmiede und Bäckerei sind die Gruppen-
räume – der Saal für die Großgruppe ist der ehemalige Getrei-
despeicher, wobei die Wand aus Natursteinen wie eine Kulisse
die Bühne abschließt. In normalen Hotels werden viele Ihrer
Mitarbeiter sehr oft übernachten – in einer Burg schon selte-
ner. Und auch ein Ritteressen ohne Eßbesteck lockert Hierar-
chiebenen und erstarrte Strukturen ungemein auf.

Termin und Zeitumfang

Als Termin und Zeitumfang hat sich – wie weiter vorne schon
gesagt – die Zeit von Donnerstag abend bis Sonntag mittag
bewährt – so ist nur ein Arbeitstag (und noch dazu der kürzeste) davon betroffen, aber trotzdem nicht *nur* das Wochen-

ende, und die Veranstaltung ist Sonntag so spät aus (erst nach dem Mittagessen), daß niemand am Samstag schon nach Hause fährt.

Der Beginn am Abend vorher – mit der Vorstellung des Programms und dem Abendessen – bewährt sich deswegen, weil dann zum eigentlichen Klausurbeginn alle Mitarbeiter anwesend sind. Sie müssen sich aber bewußt sein: Ist die Stimmung gut, werden Ihre Mitarbeiter am Abend sehr spät ins Bett kommen, als Beginn schlage ich daher 10:00 vor – dafür eine kurze Mittagspause, die gerade zum Essen reicht, und dann durch bis zum Abendessen. Für etwaige Gruppenaufgaben ist nachher Zeit – engagierte Mitarbeiter schaffen das auch so.

Das hat jetzt wahrscheinlich recht brutal geklungen, Arbeit am Wochenende, dichtes Programm – die Gründe sind einfach:
- Nur engagierte Mitarbeiter sind auf solchen Klausuren von Nutzen – und die engagieren sich auch am Wochenende.
- Ich gehe davon aus, daß kein Unternehmen Zeit hat, eine größere Zahl seiner Mitarbeiter drei Tage lang während der Arbeitswoche aus dem Arbeitsprozeß herauszuholen.
- Eines soll nicht passieren: daß Ihre Mitarbeiter nachher sagen: »Na, für die zwei Stunden am Vormittag und zwei Stunden am Nachmittag hätten wir nicht da herzufahren brauchen.« Dann finden sie nämlich bei der nächsten Klausur eine gute Ausrede, warum sie nicht mehr kommen.

Und als letzter wichtiger Punkt:
Sparen Sie nicht – denken Sie daran: Jede unternehmensinterne Veranstaltung ist eine Marketingveranstaltung – nicht nach außen den Kunden gegenüber, sondern nach innen Ihren Mitarbeitern gegenüber. Und Sie geben für Marketing doch auch viel Geld aus?

Thema 5
Die Veränderung verwirklichen

> Wenn man den Geschmack der Birne
> erfahren will,
> muß man sie essen.
>
> Mao

Jetzt ist es soweit: Sie müssen in den sauren Apfel – nein – in die süße Birne beißen und das, was Sie in den letzten Monaten ausgearbeitet haben, auch in die Realität umsetzen!

Betrachtungen über
den un-geduldigen Narren

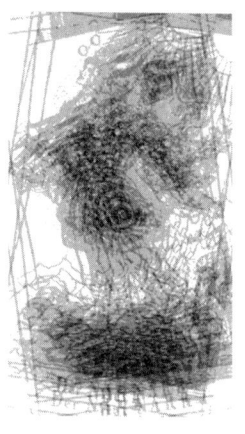

> Wenn Du's eilig hast, mach
> einen Umweg.
>
> Taoistische Weisheit

Beim ersten Entwurf dieses Buches habe ich gedacht, genau an dieser Stelle die große Schwäche des Narren entdeckt zu haben. Es ist wahr – die Stärke eines kreativen Chaoten (und das ist der Narr nun einmal, allerdings im positiven Sinn) ist es nun einmal nicht, Ideen in die Tat umzusetzen. Er hat viel zu schnell wieder neue Ideen, neue Sehnsüchte, die ihn vorwärtstreiben.

Jedoch:

Der Narr ist ungeduldig!

Der Narr ist nicht nur ungeduldig, so rasch wie möglich weiterzugehen, um sein Ziel zu erreichen – er kennt dabei auch keine geraden Wege. Denn die Ungeduld, gepaart mit seiner Neugier, bringt ihn dazu, alle möglichen Umwege zu gehen – Umwege, die ihn scheinbar daran hindern, sein Ziel rasch zu

erreichen. Aber in Wirklichkeit offenbaren sie manchmal un-
geahnte Möglichkeiten und helfen ihm so, den wirklich besten
Weg, der nicht der kürzeste sein muß, zu finden.

Und noch etwas – was natürlich schon in den anderen Phasen des Projektes wichtig war:

> Die Spontanität des Narren sorgt dafür, daß Veränderungen
> radikal genug ausfallen.

Genau das brauchen Sie in der Phase des Neubeginns, des
Schrittes in die Veränderung: den unschuldigen Glauben des
Narren, die frische Spontaneität eines Neugeborenen. Denn
Neugestaltung heißt Neubeginn, und wenn dieser nicht radikal
erfolgt, wird die Wirkung nicht die sein, die Ihr Unternehmen
braucht. Denn Verbesserung in kleinen, kaum merklichen
Schritten – das schafft auch der Mitbewerber!

Aufgabenstellung

Die Umsetzungsphase erfordert eine besonders intensive Zusammenarbeit von Mitarbeitern des Unternehmens und Unternehmensberatern, aber auch die bewußte Einbeziehung aller
Unternehmensbereiche und Hierarchieebenen, sofern das nicht
schon vorher geschehen ist.

• Definition von Teilprojekten
• Schaffung einer geeigneten Projektorganisation und Defini-
  tion erweiterter Arbeitsteams
• Festlegen der Rollen im Veränderungsprozeß
• Rücksicht auf die Ressourcen
• Unterstützung der Implementierung
• Umsetzungs-Controlling
• Kommunikation des Ergebnisses im Unternehmen

Vorgangsweise

... und dann mach' einen zweiten Plan, gehn tun sie beide nicht!

Bertolt Brecht

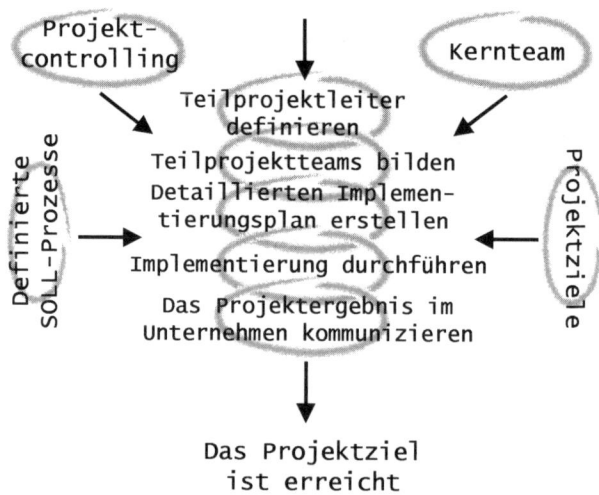

Zum Einstieg

Im Sinne der obigen Aussage:

Natürlich müssen Sie Pläne machen, deren Einhaltung kontrollieren, steuern – aber sind Sie doch bitte nicht so naiv zu glauben, daß Pläne tatsächlich halten, daß sie eingehalten werden! Wenn Sie nicht von Beginn des Projektes an damit rechnen und sich darauf vorbereiten, daß es gravierende Abweichungen von Ihrem Plan gibt, gefährden Sie das Projekt. Flexibilität ist gefragt, Leichtfüßigkeit, die Bereitschaft und Spontaneität, auch einmal einen Umweg zu gehen (erstaunlicherweise lauter närrische Eigenschaften), um das Projektziel zu erreichen.

Die Rolle des Kernteams

Das ist das ursprüngliche Projektteam, das Sie schon aus dem Kapitel über den ersten Projektschritt kennen. In dieser Phase ist zu überprüfen, ob es in dieser Zusammensetzung seiner Funktion noch gerecht wird, ob es eventuell ergänzt werden muß, Teilnehmer ausgetauscht werden sollen. Dieses Kernteam wird jetzt ganz besonders wichtig, denn es gilt sozusagen, das Projekt zusammenzuhalten, in Bewegung zu halten, unter Kontrolle zu halten.

Der Projektleiter als Leiter des Kernteams hat – gegebenenfalls in demokratischer Übereinstimmung mit dem Team – *jedes* Recht im Projekt: Er kann alles ändern, er kann, wenn es nötig ist, radikal eingreifen, er kann das Projekt sogar stoppen. Das zeigt, daß diese Funktion des Gesamtprojektleiters zwei Faktoren enthalten muß:

• Entscheidungskompetenz und die entsprechende hierarchische Stellung;
• sehr hohe persönliche und soziale Kompetenz.

Das Kernteam wird (auch) während der Implementierungsphase in vorher definierten Abständen zusammentreffen, um den Projektstand zu besprechen bzw. sich von den Teilprojektleitern darüber berichten lassen. Regelmäßig heißt in der Regel einmal im Quartal, das hängt aber natürlich von Projektzeitplan und -umfang ab. In Krisensituationen oder besonders kritischen Projektabschnitten kann das Kernteam natürlich jederzeit eingreifen.

Eine Warnung:

Mißbrauchen Sie als Unternehmensleiter und vielleicht auch Leiter des Kernteams Ihre Macht nicht, um – unter dem Deckmantel einer teamorientierten Vorgangsweise – autoritäre Entscheidungen zu treffen, die Sie womöglich schon vor Projektstart (für sich) gefällt haben – wenn Sie das wirklich tun wollen und für richtig halten, dann tun Sie es, ohne daß Sie eine »Projektshow« abziehen.

Definition von Teilprojekten

In diesem Projektschritt werden Teilprojekte neu zu definieren
sein, da ja jetzt klar ist, in welchen Bereichen Änderungsmaß-
nahmen durchgeführt werden und in welchen nicht. Manche
Themen der Analyse- und Konzeptionsphase werden wegfal-
len, andere Teilthemen werden so bedeutend sein, daß für sie
ein eigenes Teilteam gebildet wird.

Schaffung einer geeigneten Projektorganisation und
Definition erweiterter Arbeitsteams

Es gilt zu überprüfen, ob die bisherige Projektorganisation
(Teambesetzung, Arbeitsmittel, Vorgehensweise etc.) nach wie
vor richtig ist oder geändert werden muß. Schrecken Sie auch
hier vor Veränderungen nicht zurück – denken Sie an die Umwege des Narren, die ans Ziel führen. Neue Arbeitsteams sind
gegebenenfalls zu bilden, die personelle Besetzung ist zu ändern oder zu erweitern.

Festlegen der Rollen im Veränderungsprozeß

Spätestens an diesem Punkt wird es über-lebenswichtig für
das Projekt, daß alle Veränderungsrollen besetzt sind – und
zwar nicht nur auf dem Papier, sondern auch mit echtem
rollengerechten Engagement der Rolleninhaber.

Rücksicht auf die Ressourcen

In der Implementierungsphase werden noch mehr Mitarbeiter
in das Projekt mit einbezogen sein als in den vorangegangenen
Phasen. Und klarerweise wird dieses Projekt für alle von ihnen,
die nicht ausdrücklich dafür freigestellt sind, eine Zusatzbela-
stung sein. Jetzt wird es langsam Zeit, darüber nachzudenken,
wie Sie diesen Mitarbeitern ihre Zusatzleistung honorieren

wollen – das muß nicht unbedingt Geld sein (obwohl das der einfachste Weg ist), das kann auch eine ganz andere Art von Anerkennung der Leistung sein. Aber anerkennen Sie diese Zusatzleistung wenigstens dadurch, daß Sie sich bei Ihren Mitarbeitern dafür bedanken.

Unterstützung der Implementierung

Es empfiehlt sich, in besonders kritischen Bereichen dem Projektleiter oder dem gesamten Projektteam einen Coach zur Seite zu stellen. Dieser Coach hat eine schwierige Rolle, er muß

- neutral sein, das heißt, man darf ihm bei seinen Aussagen keinerlei Selbstzweck unterstellen;
- vom Teamleiter und vom Team anerkannt sein;
- geduldig zuhören, nein sogar fragen können, ohne gleich seine Meinung aufzuzwingen (richtig: Sie brauchen schon wieder einen Narren!);
- so weit fachkompetent sein, daß er versteht, worum es im Projekt aus gesamtheitlicher Sicht geht.

Dieser Coach kann ein externer Berater sein (in diesem Fall vorzugsweise nicht vom selben Beratungsunternehmen, das das Projekt begleitet), ein dafür besonders geeigneter und geschulter Mitarbeiter Ihres Unternehmens, oder, bei größeren Projekten, jemand, den Sie zu diesem Zweck aufnehmen, um ihn später als Veränderungsmanager fürs ganze Unternehmen einzusetzen.

Umsetzungs-Controlling

Das ist eine der Hauptaufgaben des Kernteams: Anhand konkreter »Prüfpunkte« im Projekt, die dann, wenn Sie sich meinem Vorschlag zum Projektmanagement angeschlossen haben, identisch mit den Meilensteinen sind, den ordnungsgemäßen Projektablauf zu überprüfen und gegebenenfalls steuernd einzugreifen.

Kommunikation des Ergebnisses im Unternehmen

Ich gehe davon aus, daß Sie alle Teilschritte des Projektes im
Unternehmen richtig und ausreichend kommuniziert haben –
jetzt wäre es zu spät, damit zu beginnen. Versäumen Sie es aber
auch nicht, den Projektverlauf und den erfolgreichen Abschluß
des Projektes Ihren Mitarbeitern mitzuteilen – nicht allein in
Form eines dürren Newsletters, dabei dürfen schon die Sekt-
korken fliegen!

Zeit

Wie lange diese Implementierungsphase dauern wird und dauern soll, läßt sich nicht verallgemeinernd sagen. Komplexe Projekte machen es sicher fallweise nötig, einzelne Veränderungen
über einen langfristigen Prozeß zu implementieren, in der
Regel gilt aber das schon vorher Gesagte: Alles, was länger als
sechs Monate dauert, läuft Gefahr, schiefzulaufen – weil es
Routine wird, weil keiner mehr an die Realisierung glaubt,
weil Verhinderungstaktiken zu greifen beginnen.

Ergebnis

Das Ergebnis ist einfach zu definieren:
• Alle im Projekt beschlossenen *Veränderungsmaßnahmen* sind
  erfolgreich in den täglichen Ablauf des Unternehmens einge-
  führt.
• Die *Unternehmenskultur* hat diese Veränderungen zu ihrem
  Bestandteil gemacht oder sich entsprechend verändert.
• Die *Auswirkungen der Veränderungen* werden positiv sichtbar –
  und das für möglichst viele Mitarbeiter des Unternehmens.

Kadenz 1: Die Veränderung managen

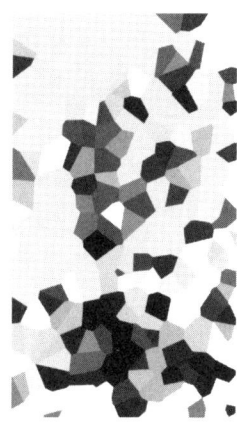

Die beste Führung ist die,
unter der die Menschen sagen:
Wir haben es selbst geschafft.

Lao Tse

Eigentlich habe ich im bisherigen Teil des Buches schon über alles geschrieben, was Veränderungsmanagement ausmacht.

Ich möchte daher darstellen, welche Aufgaben ein Veränderungsmanager im Unternehmen übernehmen kann – kein temporärer, sondern ein fest angestellter, für den Sie diese Funktion in Ihrem Organigramm überhaupt erst geschaffen haben.

Der Veränderungsmanager ist ein interner Berater im Unternehmen zur besseren Bewältigung immer kürzerer Veränderungszyklen.

Herkömmliche, gewachsene Strukturen und Funktionen im Unternehmen werden den besonderen Veränderungssituationen eines Unternehmens im derzeitigen Umfeld in den seltensten Fällen gerecht.

- Die Unternehmensleitung, das Personalmanagement und die Mitarbeiter brauchen zusätzliche Unterstützung.
- Externe Berater allein, die das Unternehmen nach kurzer Zeit wieder verlassen, können diesen laufenden Veränderungsprozeß nur unzureichend unterstützen.

Die Funktionsbezeichnung »Veränderungs-Manager« ist hier als vorläufige, plakative Bezeichnung zu verstehen und muß der Kultur Ihres Unternehmens entsprechend angepaßt werden.

Wesentlich sind seine *Stellung* im Unternehmen und seine Funktion:

- Der Veränderungs-Manager ist dem Vorstand direkt unterstellt und damit ein von Hierarchien und Karriere-Denken unabhängiger interner Berater.

Er erfüllt im Schema der Veränderungs-Rollen die Rolle des »Unterstützers«, kann aber bei Bedarf jede andere Rolle temporär annehmen.

Die *Aufgaben* des Veränderungs-Managers können umfassen:

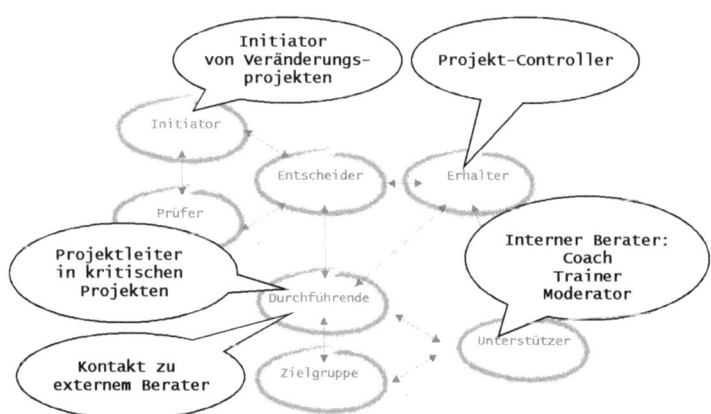

- Unterstützung komplexer Projekte (Projektmanagement und -controlling, Veränderungsmanagement, Moderation von Workshops, Coaching);

- Verbesserungsprojekte und Veränderungen initiieren und begleiten;
- von externen Beratern durchgeführte Projekte begleiten und überwachen;
- Trainings zu den Themen Kreativität, Kommunikation, Teamarbeit, Konfliktmanagement, Projektmanagement etc.;
- »Der Joker und Hofnarr«.

Der Veränderungs-Manager unterstützt mit seiner Tätigkeit eine Reihe von Funktionen, insbesondere
- die Unternehmensleitung,
- den HR-Manager,
- die zuständigen Projektmanager.

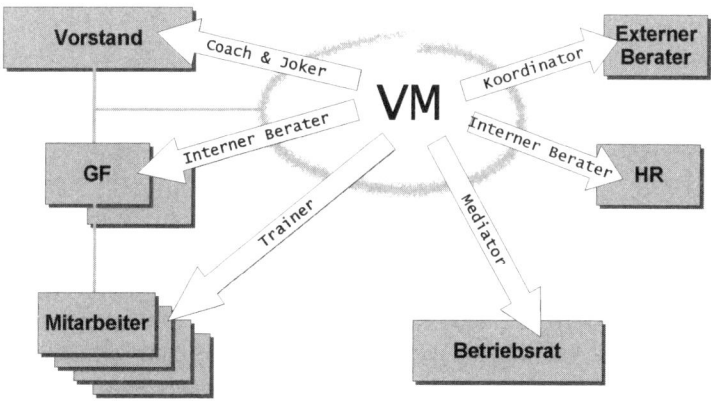

Aus der Erfüllung all dieser Aufgaben ergeben sich folgende positive Auswirkungen:
- Veränderungen sind rascher umsetzbar.
- Hindernisse werden rasch erkannt oder sie entstehen erst gar nicht.
- Das Projektrisiko wird verringert.
- Die Projektkosten werden gesenkt.
- Externe Berater werden gezielter eingesetzt.
- Die Ausbildung der Mitarbeiter wird verbessert.
- Es entwickelt sich eine – für laufende aktive Veränderungen unabdingbare – positive Veränderungskultur im Unternehmen.

Es ist klar, daß Sie für diese Funktion in Ihrem Unternehmen einen erfahrenen Mitarbeiter mit einem ganz besonderen Persönlichkeitsprofil benötigen:

- fundierte, fachbereichsübergreifende Praxiserfahrung,
- hohe soziale Kompetenz,
- Teamfähigkeit,
- Erfahrung in Training und Coaching,
- Kommunikationsfähigkeit mit *allen* Unternehmensebenen.

Eine letzte Anmerkung zu diesem Thema: Narren sind als Veränderungsmanager besonders gut geeignet!

Kadenz 2:
Die vier K – Kreativität, Konfliktfähigkeit, Kommunikation, Kooperation

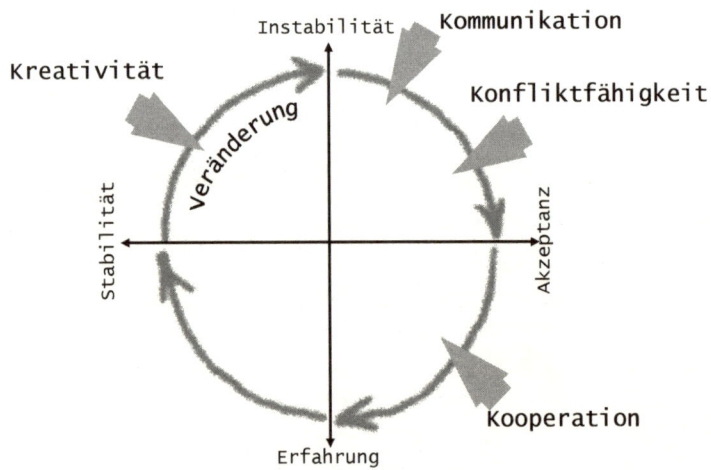

Es gibt vier Faktoren, die den Weg in die Veränderung unterstützen – ja, ihn sogar erst möglich machen.

Kreativität

Durch die Kreativität des Unternehmens – das heißt aber durch die Kreativität der Mitarbeiter des Unternehmens! – ist es überhaupt erst möglich, im positiven Sinn Veränderungen einzuleiten. Jede Veränderung, die von außen aufgezwungen wird – sei es vom wichtigsten Kunden, sei es vom Gesetzgeber, sei es vom Geldgeber –, wird nur sehr schwer in eine positive Unternehmensentwicklung umsetzbar sein, weil Sie gleichsam unter Zwang handeln, weil der Ansatz zur Veränderung nicht im eigenen Unternehmen geboren wurde und Sie und Ihre Mitarbeiter es sehr schwer haben werden, sich mit dieser Veränderung zu identifizieren. Das hat nichts damit zu tun, ob diese Veränderung notwendig ist oder nicht.

Es muß also irgendwo kreative Narren im Unternehmen geben – vielleicht sind Sie es selber –, denen etwas einfällt, die mutig genug sind, es auch zu formulieren und die Realisierung einzuleiten.

Und Kreativität wird auch im weiteren Ablauf eines solchen Veränderungsprojektes unabdingbar sein, nämlich immer dann, wenn krumme Wege gegangen werden müssen, wenn ein Abgrund einmal nicht übersprungen werden kann.

Kommunikation

In dieser schwierigen Phase der Instabilität im Veränderungskreislauf – es ist die schwierigste überhaupt – ist ein Faktor von ganz wesentlicher Bedeutung: Kommunizieren Sie das, was hier geschieht und geschehen soll, nicht ausreichend im gesamten Unternehmen, dann wird es enorme Probleme geben, z.B. Unruhe im Unternehmen, gesteigerte Personalfluktuation und alles das, was Sie ganz gewiß nicht mit diesem Projekt erreichen wollen.

Es muß Ihnen klar sein, daß Nicht-Kommunikation die unwahrscheinlichsten Gerüchte hervorruft, daß Nicht-Information bewirken kann, daß Ihre Mitarbeiter genau das – negative – Gegenteil von dem vermuten, was eigentlich geplant ist, daß

Mitarbeiter in Panikreaktion sich einen neuen Job suchen, obwohl sie in Ihrem Veränderungskonzept als eine der Leitfigu-
ren vorgesehen sind.

Und Schäden, die durch Nicht-Kommunikation einmal an-
gerichtet sind, sind nur schwer wiedergutzumachen – denn
wenn die Mitarbeiter einmal überzeugt sind, daß sie nicht informiert werden, dann werden sie das auch in Zukunft glauben.

Und wenn es nichts zu kommunizieren gibt? Auch dann
müssen Sie den betroffenen Personen (inklusive jene, die sich
betroffen fühlen) deutlich und glaubhaft sagen, daß es eben
derzeit keine Neuigkeiten gibt.

Sie werden ohne Kommunikation nicht die Phase der Akzeptanz erreichen, ganz im Gegenteil: Die Abwehrreaktionen
werden stärker. Und wenn Sie der Meinung sind, daß »das alles
die Mitarbeiter nichts angeht, weil das strategische Entscheidungen sind«, dann denken Sie einmal darüber nach, wie Sie
eigentlich zu Ihren Mitarbeitern stehen – und was das Unternehmen ohne diese Mitarbeiter wäre. Alles, was Ihr Unternehmen verändert, verändert auch die Situation Ihrer Mitarbeiter
– und alles, was die Situation Ihrer Mitarbeiter verändert (positiv und negativ), haben Sie diesen mitzuteilen.

Konfliktfähigkeit

Haben Sie ausreichend kommuniziert und sind nun der Meinung, daß alle Betroffenen die Veränderung akzeptieren und
brav mitarbeiten werden? Weit gefehlt: Gerade jetzt kommen
die Konflikte. Und das ist gut so!

Das schlimmste Szenario für jemanden, der ein Workshop
moderiert, ist, daß alle im Kreis sitzen, sanft lächeln, die Hände
vor der Brust verschränken und so tun, als wären sie mit allem
einverstanden. Sie werden in dieser Stimmung das Arbeitsziel
des Workshops nicht erreichen – jene Mitarbeiter, die keineswegs der Meinung sind, daß alles in Ordnung ist, haben
während dieser Stunden bereits an ihren Verhinderungsstrategien gearbeitet.

Vielleicht aber haben Sie – weil Sie Ihre Leute ja kennen – dieses Team schon so zusammengestellt, daß jene, von denen klar ist, daß sie die Veränderungen nicht widerspruchslos hinnehmen werden, gar nicht erst dabei sind? Wunderbar – denn dann haben diese noch viel mehr Zeit und wenden noch viel mehr Energie auf, dieses Projekt zu verhindern oder wenigstens zu stören.

Freuen Sie sich über jeden in der Runde, der Emotionen zeigt. Freuen Sie sich über jeden, der in Opposition geht. Denn diese Mitarbeiter haben sich immerhin mit dem Projekt auseinandergesetzt. Und auf Basis dieser Konflikte kann gearbeitet werden. Wenn diese Konflikte offen ausgetragen werden, kann die damit freigesetzte Energie *für* das Projekt verwendet werden und nicht dagegen.

Kooperation

Ist die Akzeptanz der Veränderung sichergestellt, kann durch Kooperation aller Bereiche und sogar durch Kooperation früherer Konfliktpartner nicht nur der reibungslose Ablauf des Projektes gesichert werden, es wird überhaupt erst möglich, daß neue Erfahrungen gemacht werden, die zu einer Weiterentwicklung führen.

Die Intensität dieser Kooperation hängt – wie so vieles – wesentlich von der herrschenden Unternehmenskultur ab.

Der dreidimensionale Mensch

In unzähligen guten Büchern wurden die Theorien der rechten und linken Gehirnhälfte beschrieben, ich will das dort Gesagte hier nicht wiederholen. Nehmen Sie die nachfolgenden Darstellungen als Denkanstoß, ganz egal, ob diese Eigenschaft jetzt wirklich körperlich lokalisiert in einer Hälfte des Gehirns sitzt oder irgendwo anders.

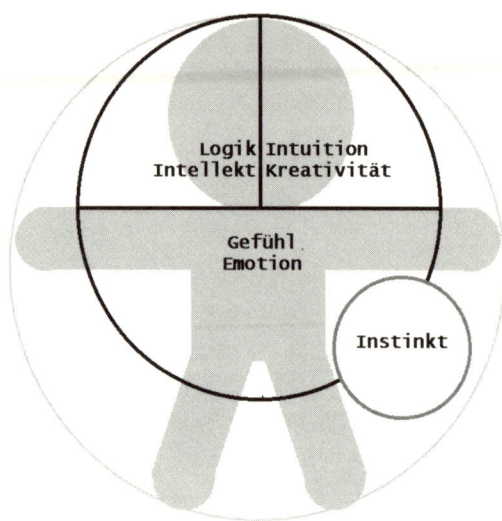

Jeder Mensch denkt und agiert auf diesen vier Ebenen. Und bei
jedem Menschen sind diese Ebenen verschieden ausgeprägt.
Schwierig wird es dann, wenn eine Ausprägung überhaupt
nicht vorhanden ist, was ich Ihnen in den später folgenden Beispielen erläutern möchte. Nehmen Sie diese Darstellung als
Denkanstoß, um über sich selbst und über das Verhalten anderer nachzudenken – nicht wertend, sondern beobachtend.

Den *Instinkt* lasse ich in meinen Betrachtungen weg – das ist ein
uns zu unserem Schutz noch gebliebener Rest jener über-
lebensnotwendigen Reaktionen aus der Zeit, in der wir noch
als Jäger und Sammler in Höhlen gelebt haben. Auch heute ist
es noch wichtig, daß wir spontan auf den Baum klettern, wenn
der Löwe brüllt, auch heute ist es noch wichtig, daß wir, ohne
nachzudenken, zurückzucken, wenn wir eine heiße Herdplatte
berühren. Diesen Instinkt haben wir – wir können ihn meiner
Meinung nach nicht fördern, wir können ihn aber zu unserem
Glück auch nicht wegschieben.

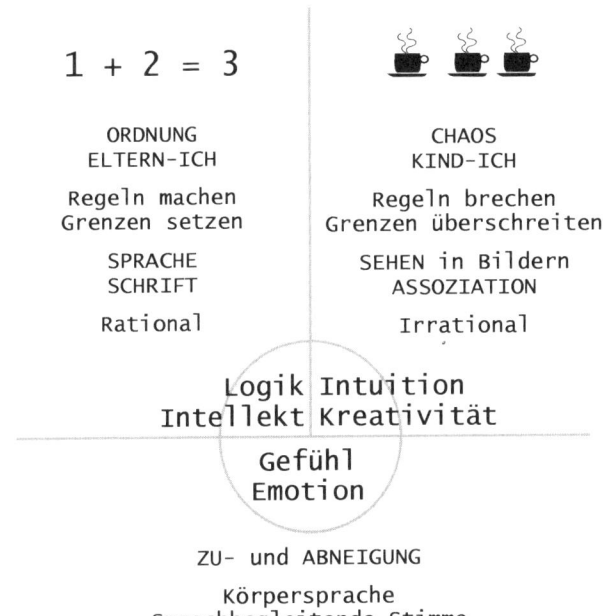

ORDNUNG
ELTERN-ICH

Regeln machen
Grenzen setzen

SPRACHE
SCHRIFT

Rational

CHAOS
KIND-ICH

Regeln brechen
Grenzen überschreiten

SEHEN in Bildern
ASSOZIATION

Irrational

Logik Intuition
Intellekt Kreativität

Gefühl
Emotion

ZU- und ABNEIGUNG

Körpersprache
Sprachbegleitende Stimme

Logik / Intellekt

Das ist das, was uns von Eltern und Lehrern schon sehr früh
beigebracht wurde: Es gibt Regeln, die einzuhalten sind, es
gibt Grenzen, die man zu respektieren hat, und es hat nichts zu
sein, was aus logischen Gründen nicht zu sein hat.

Grundsätzlich ist das so in Ordnung. Natürlich sind Regeln,
Gesetze zu beachten, natürlich müssen wir mit unseren eigenen
Grenzen und denen anderer sensibel umgehen, natürlich kann es
nicht schaden zu glauben, daß eins und eins immer zwei ist.

Aber kann es das allein sein? Sicher nicht!

Intuition / Kreativität

Das ist der Teil unseres Ich, vor dem uns »ordentliche« Menschen *immer* gewarnt haben, den sehr oft (schlechte) Lehrer und
besorgte Eltern von uns ferngehalten haben: der Drang, mensch-

liche Regeln nicht als naturgegeben widerspruchslos hinzu-
nehmen (und Regeln sind *immer* von Menschen gemacht oder
wenigstens interpretiert, einfachster Beweis dafür ist, daß sie
sich ändern), sondern zu hinterfragen und gegebenenfalls auch
zu brechen.

Die närrische Neugierde ist es, die uns dazu bringt, unsere
scheinbar festgesetzten Grenzen zu überschreiten, dahinter-
zukommen, daß sie überschreitbar sind. Denn viele dieser
Grenzen sind nicht naturgegeben, sondern von der Gesellschaft definiert.

Und vergessen Sie eines nicht: Viele Grenzen, die wir noch
vor ein paar hundert, ja, noch vor ein paar dutzend Jahren hatten, existieren nicht mehr!

Denken Sie etwa an die virtuelle und damit grenzenlose
Kommunikation. Vor hundert Jahren war es nur im Ausnah-
mefall möglich, daß zwei Menschen zusammengekommen
sind, wenn einer in Europa und der andere in Amerika gelebt
hat. Diese Distanzen haben sich (obwohl sie rein logisch betrachtet gleich geblieben sind) verändert, wir erreichen heute
mit dem Flugzeug jeden Punkt der Erde in maximal 24 Stunden. Trotzdem: Auch noch vor 20 Jahren war das eine nicht gar
so leicht zu überwindende Distanz. Heute ist es mit den moder-
nen Kommunikationstechniken wie dem Internet problemlos
für jeden möglich, in Lichtgeschwindigkeit mit einem anderen
Menschen an einem beliebigen Punkt der Erde in Echtzeit zu
kommunizieren, und zwar in Schrift, Bild und Ton.

Diese Grenze hat sich also verschoben – und andere Grenzen,
an denen ausschließlich logisch denkende Menschen heute nicht
zu rütteln wagen, werden sich ebenso verschieben. Daß das
auch Gefahren mit sich bringt, steht außer Frage.

Aber auch das kann nicht alles sein.

Gefühl / Emotion

Ich habe eine dritte Ebene hinzugefügt, die auch in den intelli-
gentesten Abhandlungen über die Komplexität des menschlichen
Denkens höchstens gestreift wird: das Gefühl, die Emotionen.

Nicht ganz zufällig sitzt in obiger Illustration das Gefühl im Bauch – es tut ja auch dort weh, wenn unsere Gefühle verletzt werden. Lesen Sie einmal ein Buch über die Energiezentren des menschlichen Körpers (dazu müssen Sie sich aber in eine sehr alternative Buchhandlung begeben), dann werden Sie dahinterkommen, warum es gerade dort weh tut.

Dieses Gefühl, diese Emotionen sind etwas, wovor fast alle warnen. Wir besuchen viele Seminare, um unsere Emotionen »in den Griff« zu bekommen, wir lernen etwas über Körpersprache – nicht aus dem Antrieb, die Körpersprache des anderen zu verstehen, sondern um sie zu benutzen, um auch die eigene Körpersprache zu beeinflussen, um den anderen zu manipulieren, zu täuschen. Wir lernen komplizierte Atemtechniken, um unsere Gefühle auch in Extremsituationen bei uns zu behalten, zu lächeln, wo wir gerne weinen würden, mit beherrschter Stimme zu argumentieren, wo wir eigentlich schreien wollen.

Und wenn diese Gefühle einmal durchbrechen, diese Emotionen einmal herausbrechen, dann sind alle ganz entsetzt.

Gefühl allein kann natürlich auch nicht alles sein.

Ich möchte Ihnen jetzt an einigen extremen Beispielen zeigen, wie es sich auswirken kann, wenn wir – durch unsere Erziehung, durch unsere Gesellschaft, durch uns selbst dorthin gebracht – nur einen Teil dieser Dreidimensionalität leben:

Die Denkmaschine

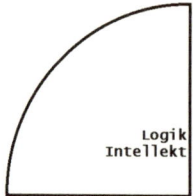

- »Denkmensch« der ersten Dimension
- scharfer Denker, Bürokrat, »Ordnungshüter«
- Logik und Rationalität
- der lebende Computer (1 + 1 ist *immer* 2)

Lebensprinzip:

> »Jede Veränderung ist Gefahr für Ruhe und Ordnung.«

Der Kreativling

- »In den Wolken schwebend«
- tolle Ideen, die nie ausgeführt werden
- jenseits jedes Realitätsbewußtseins, liebt ausschließlich das Chaos
- 1 + 1 ist vielleicht 3, eventuell auch 1,5, könnte aber auch x sein. Ich weiß es nicht!

Lebensprinzip:

> »Ich bin so kreativ, daß ich mich nicht entscheiden kann.«

Der Denker

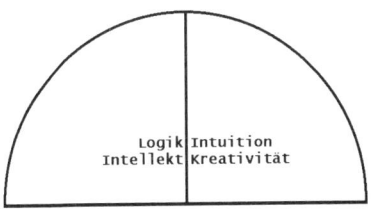

- Kopf-Mensch der zweiten Dimension
- rein kopfbetont
- gefühl- und emotionslos

Lebensprinzip:

»Emotionen lenken vom Wesentlichen ab,
Gefühle stören nur.«

Der Kopf-lose Bauchmensch

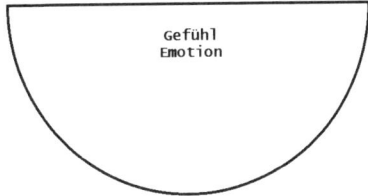

- Gefühle verdrängen jedes Denken.
- extrem verletzlich und wehrlos

Lebensprinzip:

»Ich lebe aus dem Bauch!«

Das Magengeschwür

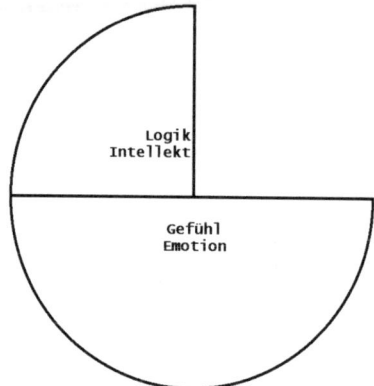

- versucht rein logisches Denken mit seinen Gefühlen in Einklang zu bringen;
- analysiert seine Gefühle und Emotionen.

Lebensprinzip: »AU!«

Der dreidimensionale Mensch

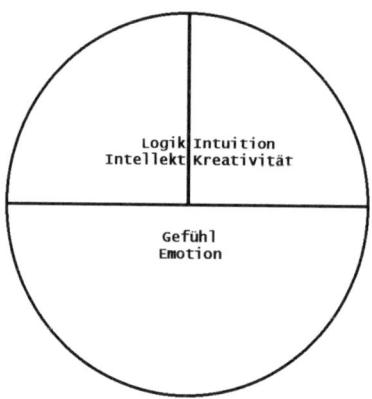

Lebensprinzip:

»Ich weiß, daß ich sensibel mit Grenzen umzugehen habe – ich werde sie aber trotzdem immer wieder überschreiten. Ich lasse Gefühle zu – bei mir und bei anderen.«

Keine Frage, es ist äußerst schwer, alle drei Dimensionen in gleichem Ausmaß zu vereinigen. Es gelingt kaum jemandem, mir und Ihnen auch nicht, diese Dimensionen in gleich starker Ausprägung und Ausgewogenheit zu leben. Denn natürlich haben wir alle einen »blinden Fleck«, und der ist bei jedem woanders!

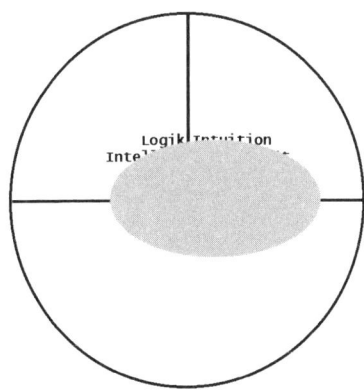

Es kommt aber noch schlimmer: Der blinde Fleck verschiebt sich je nach Tagesverfassung, nach den Einflüssen unseres Umfeldes.

Wir werden als Menschen diesen blinden Fleck nicht loswerden, und ich warne Sie vor jedem, der das behauptet. Was wir aber erreichen können, ist, diesen blinden Fleck
• zu erkennen;
• zu lokalisieren;
• daran zu arbeiten, daß er kleiner wird.

Wer alle drei Dimensionen in seinem Mensch-Sein zuläßt, wird nicht immer glücklicher sein, wird auch nicht immer erfolgreicher sein, aber er hat die Chance, sich als ganzer Mensch zu erfahren – und das wiegt alles andere auf.

Kreativität

Man kann nicht in Paradiese flüchten,
man kann Paradiese nicht einnehmen,
beanspruchen oder beschlagnahmen.
Paradiese kann man nur selbst schaffen
mit eigener Kreativität.

Friedensreich Hundertwasser

Kreativität ist in meiner Definition die Fähigkeit, Neues zu schaffen – verbunden mit dem Mut, es auch anzuwenden.

Neue Ideen, die nur im Kopf existieren, sind noch nicht kreativ, sie werden es erst, wenn sie formuliert und diskutiert werden. Denn nur dann kann aus kreativen Gedanken eine neue Struktur, ein neues Produkt entstehen.

Das gilt für Verbesserungsvorschläge im Unternehmen genauso wie für künstlerisch kreative Leistungen! Das ungemalte Bild, das ungeschriebene Buch ist genausowenig kreativ wie der nicht vorgebrachte Verbesserungsvorschlag.

Wir sind alle mehr oder weniger gut erzogen. Haben uns unsere Eltern oder Lehrer in ihrer Unwissenheit bereits als Kind jedes kindliche Denken abgewöhnt, jede kindliche Freude über närrische Dinge zerstört, dann haben wir es heute sehr schwer, sie wiederzufinden. Wir sollten unseren Lehrern daraus keinen Vorwurf machen, denn auch sie wurden so erzogen – und wir sollten auch unseren Eltern daraus keinen Vorwurf machen, denn sie haben aus ihrer Sicht das Beste für uns gewollt.

Wir sollten aber daraus lernen, es bei unseren eigenen Kindern vielleicht besser zu machen (wenn es nicht schon zu spät ist). Wir sollten wenigstens anderen Menschen um uns herum zugestehen, Narren zu sein, und sie nicht wegsperren, vernichten, ausrotten.

Eine Übung, die ich in meine Kreativitätsseminare immer einbaue, ist es, die Teilnehmer blind zeichnen zu lassen. Sie glauben nicht, wie dadurch, daß der Gesichtssinn, der beim Zeichnen der Kontrolle dient, ausgeschaltet ist, plötzlich Kreativität entsteht, kindische Freude! Ich habe Menschen auf diese Weise zeichnen gesehen, völlig frei und gezwungenermaßen abstrakt, die in ihrem (erwachsenen) Leben vorher noch nie eine Linie ohne Lineal gezogen haben, die noch nie ein Wort gesagt haben, ohne vorher in dicken Büchern nachzulesen, ob das, was sie sagen wollen, auch logisch ist.

Übung

- Ausgangssituation: Gruppe von sechs bis 15 Teilnehmern
- Zeitbedarf: etwa 30 Minuten

- Vorzubereiten vom Coach:
  pro Teilnehmer ein Bogen weißes Papier (am Tisch festge-
  klebt), einige bunte Wachskreiden, Augenbinde, passende
  Hintergrundmusik
- Aufgabe für die Gruppe:
  - Jeder sucht sich drei Stifte in verschiedenen Farben aus.
  - Das Verbinden der Augen ist ein Hilfsmittel.
  - Sie haben etwa 20 min Zeit.
  - Lassen Sie sich soviel Zeit, wie Sie wollen.
  - Lassen Sie alle Gefühle zu, auch Ungeduld.
  - Wenn Sie das Gefühl haben, nichts mehr zeichnen zu müs-
    sen, hören Sie einfach auf, und bleiben Sie *mit verbundenen
    Augen* sitzen.

Der Seminarleiter wird dann die Musik beenden und die An-
weisung geben, mit dem Zeichnen aufzuhören, wenn entweder alle aufgehört haben zu zeichnen, oder nach spätestens
20 Minuten jene Teilnehmer vorsichtig zum Ende geleiten,
die noch immer zeichnen. Danach sind 10 Minuten Zeit, die
eigene Zeichnung und die der anderen zu betrachten, aber
keinesfalls zu kommentieren.

Mögliche Erweiterung:
Die Teilnehmer sprechen nachher über ihre Empfindungen,
die sie während dieser Übung gehabt haben.

Der bewußte Verzicht auf bestimmte Sinne / Fähigkeiten /
Kenntnisse /»Muster« erleichtert den Zugang zur Kreativität.

> Kreativität entsteht dadurch,
> daß man Regeln verletzt.
> Anita Roddik, Gründerin Body Shop

Übung

- Ausgangssituation: Gruppe von neun bis 15 Teilnehmern
- Zeitbedarf: etwa 30 Minuten
- Vorzubereiten vom Coach:
  Unterteilung der Großgruppe in Kleingruppen von drei bis
  vier Teilnehmern
  Anleitungsfolie, Papier und Bleistift
Anleitung:
- Verbinden Sie diese Punkte mit einer durchgehenden Linie.
- Es sind 10 min Zeit, in der Gruppe möglichst viele Lösungen
  zu finden.

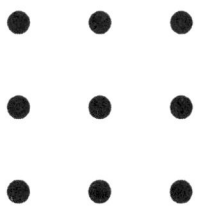

- Jede Gruppe hat 5 min Zeit, um ausgewählte Lösungen zu
  präsentieren.

Jene Teilnehmer, die das »Original« dieser auf vielen Manage-
mentkursen arg strapazierten Aufgabe kennen (mit der Anleitung: »Verbinden Sie diese Punkte mit möglichst wenigen
Geraden in einem Zug«), haben es am schwersten!

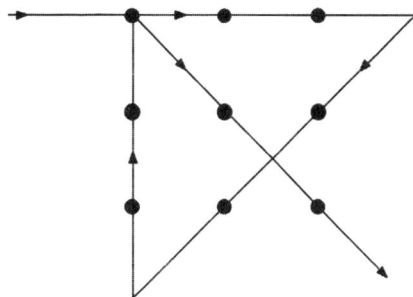

Natürlich ist diese Lösung auch eine gültige, es gibt aber unendlich viele andere Lösungen – denn ich spreche nicht von
einer geraden Linie, *diese* Punkte, von denen ich spreche, sind
eigentlich keine Punkte usw.

Ich habe schon viele originelle Lösungen bekommen, davon
einige zur Auswahl und für Sie als Denkanstoß:

Die grenzüberschreitende Lösung

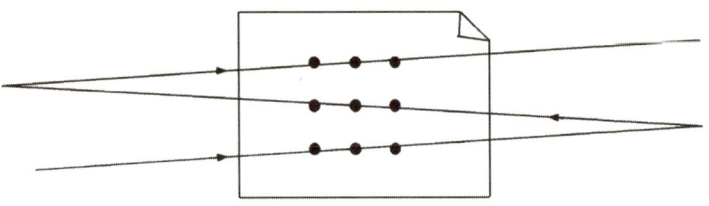

Die globale Lösung

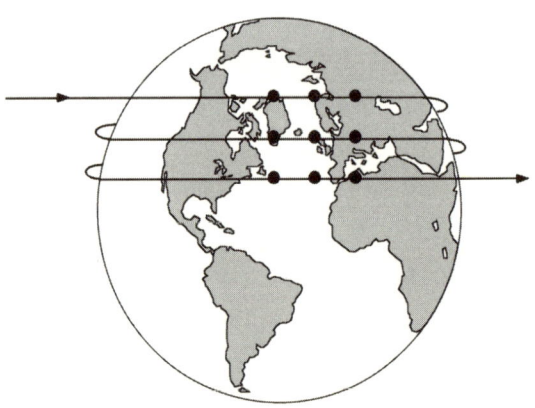

Die unverdorben kindliche Lösung – ganz einfach!

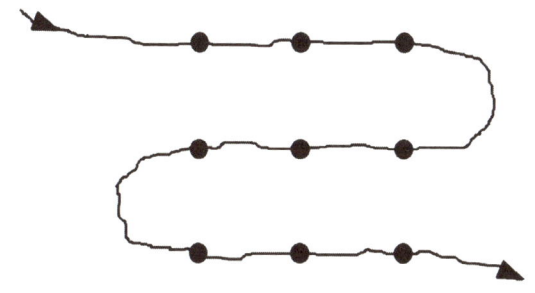

Die chaotische Lösung
(auch närrische Lösung genannt)

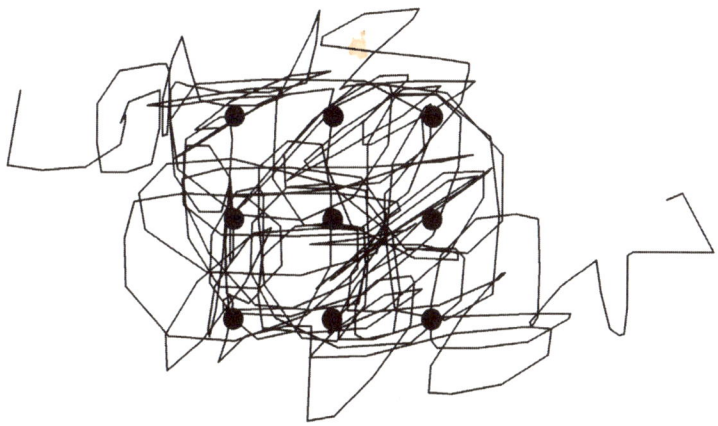

Es gibt noch viel mehr Lösungen – und wenn sie diese Beispiele aufmerksam betrachten, werden Sie merken, daß sie bestimmten Denkmustern in meinem dreidimensionalen Modell
entsprechen.

Worauf ich mit dieser Übung hinaus will:
- Wenn Sie selbstgesetzte Grenzen überschreiten, finden Sie unendlich viele Lösungen.
- Kreativität entsteht nicht durch Ordnung.

In der perfekten Ordnung wird nie Kreativität entstehen können, denn dort ist kein Platz für Narren, nur für Regeln, Tabus und gerade Linien.

Konfliktfähigkeit

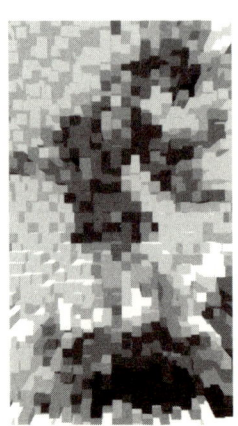

Wo Eintracht ist, herrscht Einheit;
wo Einheit ist, herrscht Stärke;
und wo Stärke ist, ist die Macht,
alles möglich zu machen.

Hsün-Tzu

Ich habe am Beginn dieses Kapitels schon über die positiven Energien von Konflikten geschrieben. Das heißt aber nicht, daß man unbedingt etwas dazu beitragen muß, daß sie entstehen.

Konflikte entstehen vor allem durch mangelhafte Kommunikation, die sehr rasch einen Kreislauf wie diesen auslöst:

Durch ein Mißverständnis, durch falsche Interpretation entsteht Verwirrung, die schnell in Verärgerung übergeht. Ein Schuldiger wird rasch gefunden – man zieht sich voneinander zurück (die Kommunikation wird dadurch noch schlechter). Diese Entfremdung geht in Feindseligkeit über – besonders dann, wenn beide Seiten gezwungen sind, in einem Team zusammenzuarbeiten; dieser Konflikt führt dann zu neuen Mißverständnissen, die dazu beitragen, daß der Kreislauf munter weitergeht.

Völlig klar, daß durch dieses fortschreitende »zirkulare Mißverständnis« sehr viel Energie gebunden wird, die man besser hätte in das Projekt stecken sollen.

Aus diesem Kreislauf kommen Sie übrigens dann leicht heraus, wenn Ihre Unternehmenskultur es zuläßt, daß Konflikte offen ausgetragen werden mit der Bereitschaft, einen Konsens zu finden. Und Sie kommen in diesen Kreislauf erst gar nicht hinein, wenn gute Kommunikation im Unternehmen jenes Mißverständnis verhindert, das ihn erst auslöst.

Kommunikation

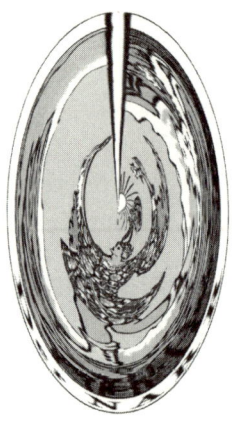

Kommunikation betrieben bzw. hatten diejenigen miteinander, die hinter den Mauern (munis) lebten und ihr Gemeinwesen als eine Sache betrachteten, die ihre gemeinsame war. Ex-kommuniziert werden heißt, aus dieser Gemeinschaft hinausfliegen – vogelfrei zu sein, und zwar ohne Zwitschern.

Leo Bernardis

Ich habe an sehr vielen Stellen dieses Buches darauf hingewiesen, daß gute Kommunikation eine der Grundbedingungen für den Erfolg eines Veränderungsprojektes ist. Es gibt auch über dieses Thema sehr viele ausgezeichnete Bücher, ich möchte daher an dieser Stelle nur einige Denkanstöße geben:

Wenn der »Sender« die Aussage »A« aussendet, so heißt das noch lange nicht, daß der Empfänger »A« versteht; es kann auch »B« sein. Zwei Dinge bewirken das (neben eventuellen sprachlichen und fachlichen Problemen):
- die unterschiedlichen Denk-Muster dieser beiden Personen;
- ein Filter aus vielen Faktoren, der sozusagen zwischen den beiden liegt.

Erst wenn beide darauf achten, daß es diese Einflüsse gibt, kommt gute Kommunikation zustande.

Genau da liegt die Hauptproblematik der Kommunikation: Einer sagt etwas, der andere versteht etwas anderes. Beide sind überzeugt davon, *richtig* kommuniziert zu haben – und schon ist mit diesem Miß-Verständnis die Basis für viele Konflikte gelegt.

Für mich ganz wesentliche Voraussetzungen für gute Kommunikation sind:

- Kommunikation muß bewußt gewollt sein. Wenn ich dem anderen eigentlich gar nichts mitteilen will, wird er mich nicht verstehen.

Wenn ich nicht kommunizieren will oder Kommunikation nur »zum Schein« betreibe, dann darf ich mich nicht wundern, wenn die Botschaft nicht oder verändert ankommt.

- Wahr ist nicht, was man sagt, wahr ist, was der andere versteht.

Das ist eine schwierige These – denken Sie sie einmal an praktischen Beispielen durch, und Sie werden merken, daß sie richtig ist: Wenn wir immer darüber nachdenken würden, ob wir auch richtig gesendet haben – und das gegebenenfalls auch hinterfragen –, kann es solche Miß-Verständnisse nicht geben!

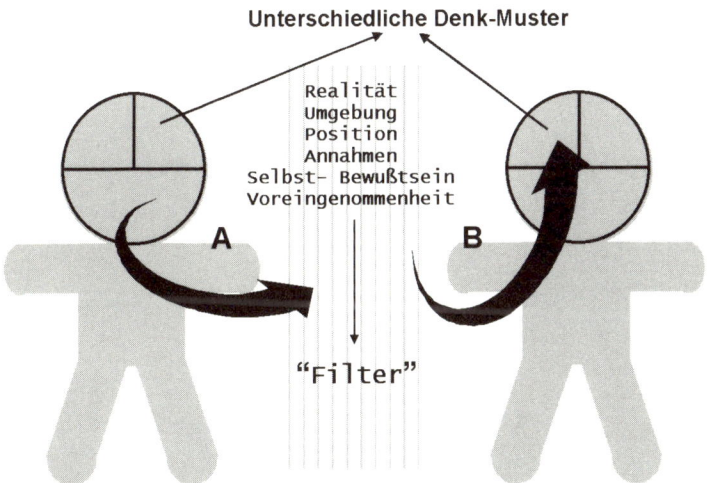

Unterschiedliche Denk-Muster

Realität
Umgebung
Position
Annahmen
Selbst- Bewußtsein
Voreingenommenheit

A   B

"Filter"

- Kommunizieren heißt, die Bilder des anderen zu (be-)achten.

Kommunikation hat auch etwas mit Achtung vor dem anderen zu tun – habe ich diese nicht, dann kann meine Aussage nicht Teil seiner Bilder, seines Verständnisses werden.

- *Wahr*-nehmen ist Mit-*Teilen*

Um das, was uns jemand anderer zu sagen, zu vermitteln versucht, auch als wahr anzunehmen, das heißt, es tatsächlich so zu verstehen und zu akzeptieren, wie er es meint, müssen wir etwas mit ihm teilen: seine Sprache, seine Kultur, seine Persönlichkeit. Vielleicht liegt im Unvermögen, das zu tun, die Hauptursache für Kommunikationsprobleme?

Kooperation

> Was im Ton übereinstimmt,
> schwingt miteinander.
>
> »I-Ging, Das Buch der Wandlungen«

Kooperieren heißt, etwas gemeinsam schaffen – Kooperation wird nicht zustande kommen in einer Unternehmenskultur, die von den Mitarbeitern Rivalität, persönliches Geltungsbewußtsein und Egoismus fordert.

Die Phasen der Kooperation

Stehen die Mitarbeiter, Abteilungen, Bereiche, Arbeitsteams isoliert in der Unternehmenslandschaft, auf ihren eigenen Vorteil bedacht und ohne Rücksicht auf das, was um sie herum vorgeht, dann wird es keine Kooperation geben:

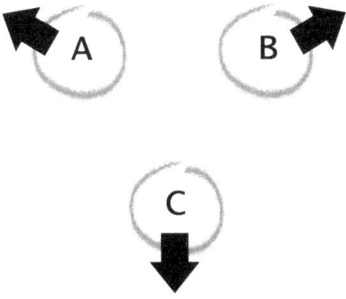

Phase 1 – Wechselwirkung

Erst wenn jedem Individuum, jedem Team die Unterschiede der anderen deutlich werden, entsteht die erste Wechselwirkung – trotz weitgehender Isolation werden dann diese Unterschiede diskutierbar:

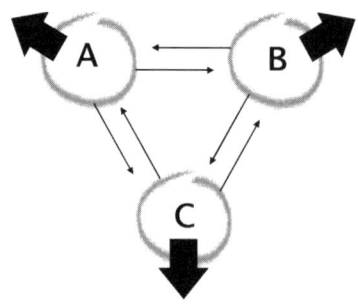

Phase 2 – Anerkennendes Verständnis

Im nächsten Schritt werden die Unterschiede nach und nach anerkannt und geschätzt:

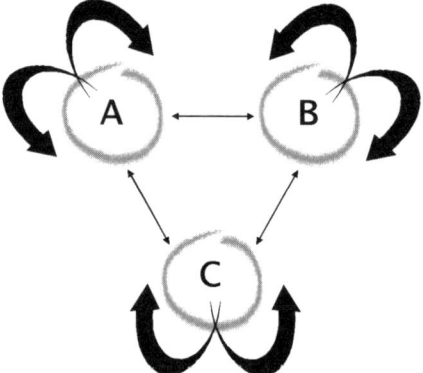

Phase 3 – Integration

Eine gemeinsame Verständigungs-Ebene wird aufgebaut, die Kooperation beginnt:

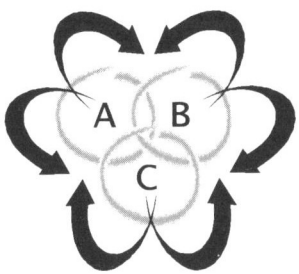

Phase 4 – Umsetzung

Die Kooperation führt zu gemeinsamen Aktionsplänen und Resultaten:

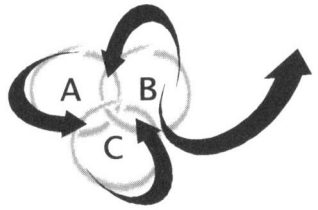

Übung

- Ausgangssituation: Gruppe von 6 bis 10 Teilnehmern
- Zeitbedarf: etwa 15 min
- vorzubereiten vom Coach: Ein großes Weinglas pro Teilnehmer, mit unterschiedlichen Mengen Wasser gefüllt, ein Bleistift oder ähnlicher Holzstab pro Teilnehmer.

- Aufgabe für die Gruppe:
»Schlagen Sie das vor Ihnen stehende Glas mit dem Bleistift
an (oder – für geschickte Gruppen – streichen Sie es mit dem
feuchten Finger am oberen Rand, bis es klingt) – und zwar alle
gemeinsam und mehrmals hintereinander«
Ergebnis: ohrenkräuselnde Dissonanz!
»Verringern Sie die Wassermenge in Ihrem Glas, indem Sie
den anderen Gruppenmitgliedern etwas davon abgeben, oder
erhöhen Sie sie, indem Sie sich von anderen Gruppenmitgliedern etwas holen – und zwar ohne daß Wasser weggegossen
wird, und schlagen Sie die Gläser erneut an. Wiederholen Sie
den Vorgang so lange, bis ein harmonischer, angenehmer Klang
entsteht.«
Diese Übung macht zwei Dinge deutlich:
Wie aus anfänglichem Chaos durch Kommunikation und
Zusammenarbeit in der Gruppe Wohlklang entsteht – und daß
einer allein ohne Kooperation mit der Gruppe keine Chance
hat, diesen Zustand zu erreichen.
Wenn Sie statt Wasser Wein in die Gläser füllen, können Sie
sie nachher austrinken!

Zusammenfassung

- Finden Sie genug »Verbündete« in Ihrem Unternehmen, um
die in den vorangegangenen Schritten erarbeiteten Maßnahmen erfolgreich und mit hoher Akzeptanz umzusetzen.
- Krallen Sie sich nicht an Plänen fest, wenn Änderungen, welcher Art auch immer, eine Änderung dieser Pläne erforderlich machen.
- Finden Sie ein kompetentes, entscheidungsfähiges und ent-
scheidungsbefugtes Kernteam, das gerade in dieser Phase das
Projekt gegen alle Widerstände vorantreibt.
- Vergessen Sie bei der Umsetzung Ihrer Maßnahmen nicht, daß
Sie es mit Menschen zu tun haben – mit Menschen, die beim
bisherigen Aufbau des Unternehmens mitgeholfen haben.

• Finden Sie bei größeren Projekten einen Veränderungsmanager im Unternehmen – und verankern Sie diese Position
bei dieser Gelegenheit gleich in Ihrem Unternehmen.

• Beachten Sie die wesentlichen Faktoren Kreativität – Konflikt – Kommunikation – Kooperation, ohne deren Unterstützung kein Veränderungsprojekt erfolgreich sein kann.

• Überprüfen Sie das Ergebnis der Implementierung nach
einiger Zeit, um, falls notwendig, noch nachzubessern.

Thema 6
Die Erneuerung ermöglichen

Vor der Erleuchtung –
Holz hacken und Wasser tragen.
Nach der Erleuchtung –
Holz hacken und Wasser tragen.

Zen-Spruch

Betrachtungen über
den wieder-kommenden Narren

Der Narr ist der Vorbote
eines neuen Lebenszyklus,der Herold neuer Anfänge.

Alfred Douglas[24]

Der Narr ist der Anfang und das Ende

Der Narr ist der Anfang und das Ende – er ist im Tarot gleichzeitig die erste und letzte Karte. Er ist gleichzeitig auch der
Weg. In ihm vereinigen sich die Vergangenheit, die Gegenwart
und auch die Zukunft.

Dieses stetige Fortschreiten, dieser immer wiederkehrende
Kreislauf der Erneuerung ist auch wesentlich für jede dauer-
hafte Leistungssteigerung im Unternehmen: Mit jedem Schritt
der Verbesserung muß die Voraussetzung geschaffen werden,
nach Beendigung dieses Schrittes den nächsten zu starten – das
gelingt dann, wenn wichtige Unternehmensstrukturen nicht
durch leichtfertige Personalreduktion geschädigt wurden,
wenn das Vertrauen der Mitarbeiter intakt ist.

Aufgabenstellung

> Das Leben ist eine Brücke. Gehe über sie hinweg,
> aber baue kein Haus darauf.
>
> Indisches Sprichwort

Es gilt, die Veränderungsbereitschaft der Mitarbeiter im Unternehmen so zu steigern, daß laufende Veränderungen nicht nur als notwendig erkannt, sondern auch akzeptiert und positiv angenommen werden. So erreichen Sie, daß ein Projekt zur Leistungssteigerung nicht mit der Implementierung der letzten Veränderung abgeschlossen ist, sondern laufend an weiterführenden Veränderungen gearbeitet wird.

Jene Unternehmen, die erkannt haben, daß nur durch ständige – in die Unternehmenskultur integrierte – Veränderungen eine Spitzenposition hinsichtlich der drei Leistungsfaktoren Wirtschaftlichkeit, Effektivität und Effizienz erreicht werden kann, nehmen diese Spitzenposition bereits heute ein.

Jene Unternehmen, die das nicht erkennen, werden langfristig nicht überleben. Es ist keine Zeit mehr, auf der Brücke auszuruhen und die Landschaft zu genießen.

Vorgangsweise

Wenn Sie und Ihre Mitarbeiter dadurch, daß Sie in Ihren Veränderungs-Projekten die in den vorangegangenen Kapiteln vorgestellten Prinzipien verfolgt haben, dem Narren ähnlich geworden sind, dann haben Sie die Aufgabenstellung dieses Schrittes bereits erfüllt: Veränderungen werden als notwendige Herausforderungen freudig angenommen und umgesetzt.

Ist das nicht der Fall, habe ich bei diesem Schritt nur einen Ratschlag für Sie: Führen Sie das nächste Projekt so närrisch durch, daß Ihren Mitarbeitern die Notwendigkeit zur Veränderung klar wird. Es gibt sonst kein »Rezept« dafür, das Veränderungsklima im Unternehmen zu verbessern.

Ergebnis

- Die *Notwendigkeit ständiger Veränderung* wurde von den Mitarbeitern erkannt und an positiven Beispielen erlebt.
- Aus einem isolierten Projekt der Leistungssteigerung ist ein *Kreislauf* geworden, der im Sinne einer spiralförmigen Entwicklung das Unternehmen zum langfristigen und gesicherten wirtschaftlichen Erfolg führt.

Variation: Verhinderungstaktiken

Bereits in allen anderen Schritten des Projektes ist deutlich geworden, daß viele Mitarbeiter dann, wenn das Ziel dieses letzten – und zugleich ersten – Schrittes nicht erreicht ist, unwahrscheinliche Energie in die *Verhinderung* von Veränderung setzten. Es gibt eine Unzahl von gefinkelten Taktiken und Methoden, Veränderungen zu verhindern:

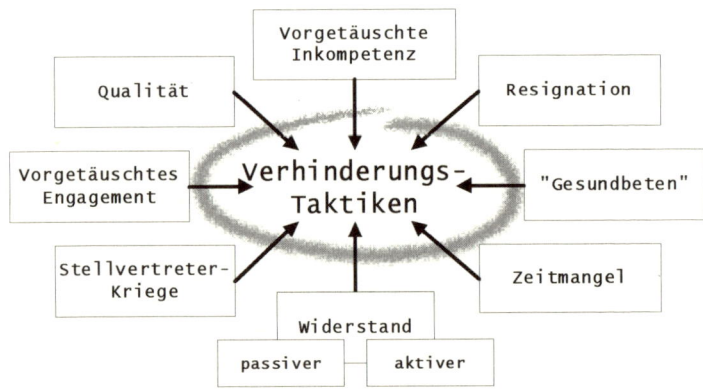

Diese Verhinderungstaktiken möchte ich durch einige Zitate aus der Praxis von Veränderungsprojekten näher zu erklären:

Qualität
>>Ich bin der Beste, warum soll ich mich ändern?«

Vorgetäuschte Inkompetenz
>>Ich versteh' das nicht, was wir da vorhaben.«

Vorgetäuschtes Engagement
>>Ich arbeite doch sowieso mit voller Kraft am Projekt mit.«

Stellvertreterkriege
>>Der Berater – die von der Zentrale – die Geschäftsführung – die Abteilung XX haben doch gar keine Ahnung von unseren Problemen!«

Aktiver Widerstand
>>Bei uns gehen die Uhren anders!«

Passiver Widerstand
>>Ich mache nur mehr das, was man mir sagt, *die* werden schon sehen, was dabei herauskommt!«

Zeitmangel
>>Ich muß Umsatz machen, ich habe dafür keine Zeit!«

Gesundbeten
>>Wir haben keine Probleme!«

Resignation
>>Es hat sowieso keinen Sinn.«

Nur wenn Sie diese Taktiken kennen – und sie im Laufe eines Projektes er-kennen – haben Sie eine Chance, alle Mitarbeiter an Bord zu bekommen und Veränderungsprojekte erfolgreich abzuschließen.

Kadenz: Wie de-motiviere ich effizient meine Mitarbeiter?

Ich möchte Ihnen ein einfaches, aber wirksames Beispiel aus der Praxis geben, wie Sie einfach und rasch Mitarbeiter aller Ebenen demotivieren können.

Das Kaffeespiel

Sagen Sie allen neuen Mitarbeitern bei ihrem Eintritt ins Unternehmen, daß dies ein Betrieb ist, der auf das Wohlergehen seiner Mitarbeiter bedacht ist und daß daher selbstverständlich der Kaffee allen zur Verfügung steht. Denken Sie aber mindestens einmal im Quartal daran, deutlich darauf hinzuweisen, daß der Kaffeegenuß durch die Mitarbeiter nur geduldet und keineswegs ein Recht ist. Sie schlagen so zwei Fliegen mit einer Klappe: Sie geben Geld für Kaffee aus – und frustrieren trotzdem Ihre Mitarbeiter. Dieses Spiel kann durch die Themen Mineralwasser, Mitarbeiterparkplätze, freiwillige Sozialleistungen beliebig erweitert und ausgebaut werden.

Anmerkung für Unternehmer und Führungskräfte

Es geht hier wirklich nicht darum, daß durch freien Kaffee im Unternehmen das Klima verbessert wird. Es geht mir bei diesem Beispiel ausschließlich darum, daß Sie genau durch diese Vorgangsweise Ihre Verachtung gegenüber Ihren Mitarbeitern ausdrücken. »Die sollen nur wissen, wie gut ich zu ihnen bin – und daß es in *meiner* Macht steht, ihnen diese Vergünstigung sofort wieder zu streichen!« Es gibt nur zwei Lösungen für das »Kaffeeproblem«:

Lösung 1: Sie stellen als freiwillige Sozialleistung des Unternehmens den Kaffee gratis zur Verfügung und verlieren kein

Wort darüber, daß es Ihnen natürlich freisteht, diese freiwillige Leistung jederzeit zu widerrufen.

Lösung 2: Sie sind der Meinung, zuviel Kaffee am Arbeitsplatz schadet der Arbeit und kostet überdies noch Geld – dann seien Sie bitte ehrlich und sagen den Mitarbeitern deutlich, daß sie sich ihren Kaffee selber bezahlen sollen.

Anmerkung für Mitarbeiter

Grundsätzlich hängt das Klima des Unternehmens, in dem Sie arbeiten, nicht vom Gratis-Kaffee ab. Sollte man das Kaffeespiel mit Ihnen spielen, dann stellen Sie ganz ruhig auf deutlich sichtbaren Plätzen eine große Kaffeekasse auf (als etwas bösartige Variante mit der Aufschrift) »Kaffeekasse zur Entlastung des Unternehmensbudgets«) und kaufen Sie sich Ihre eigene Kaffeemaschine.

> Wichtig ist nicht nur, daß ein Mensch das Richtige denkt,
> sondern auch, daß der, der das Richtige denkt, ein Mensch ist.
>
> Erich Fried

Zusammenfassung

> Weit gehen
> Heißt zurückkehren.
> Taoistische Weisheit

Denken Sie immer daran: Eine Veränderung war immer dann erfolgreich, wenn sie die Bereitschaft zu weiteren Veränderungen nach sich zieht und damit aus dem Veränderungskreislauf die Spirale der Unternehmensentwicklung einleitet.

Achten Sie in diesem Zusammenhang auf folgende Faktoren:

- eine offene Unternehmenskultur;
- die Motivation Ihrer Mitarbeiter;
- die Honorierung der Zusatzleistungen, die Ihre Mitarbeiter im Ablauf des Projektes erbracht haben;
- die Kommunikation der positiven Faktoren dieses Projektes und die kritische Auseinandersetzung mit den Mißerfolgen und Störungen im Projekt.

Kadenz zum Hauptthema:
Den inneren Narren finden

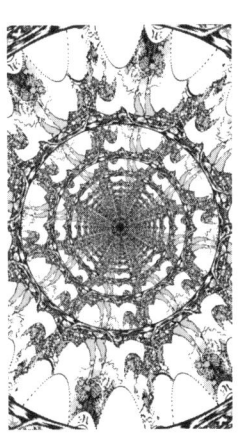

Sie sind beim letzten Kapitel dieses Buches angelangt. Wenn Sie tatsächlich bis hierher gelesen haben, wird Ihnen der Narr sehr vertraut geworden sein. Gehen Sie einen Schritt weiter: Übernehmen Sie die hier geschilderten positiven Eigenschaften des Narren, wenigstens einige. Und wenn Sie mutig sind, machen Sie Ihre Narrheit auch Ihrer Umgebung deutlich.

Den inneren Narren er-möglichen

Sei ohne Tun,
auf daß nichts ungetan bleibe.

Lao Tse

Ich habe an verschiedenen Stellen dieses Buches schon ange-
sprochen: Logisch denkende, weise Menschen haben es recht
schwer mit dem Narren, denn ihnen wurde (oder sie haben
sich selbst) über Jahre und Jahrzehnte eingebleut, sich »ordent-
lich zu benehmen« oder – noch schlimmer – sich »erwachsen
zu benehmen« und nur Dinge zu tun, deren (möglichst finan-
zieller) Nutzeffekt deutlich erkennbar und kurzfristig realisier-
bar ist. Ihre Eltern haben sich redlich bemüht, aus ihnen solch
einen »ordentlichen« Menschen zu machen, ihre Lehrer haben
auch einiges dazu beigetragen.

Werfen Sie diesen Ballast über Bord – Sie erinnern sich: der
Narr reist nur mit leichtem Gepäck –, und versuchen Sie, Ihren
inneren Narren zu erkennen, kennenzulernen. Sie haben
einen, glauben Sie mir, er wohnt nur sehr versteckt unter all
den Krusten und Mustern Ihrer Vergangenheit.

Das Problem dabei: Mit Ehrgeiz, strategischem und struktu-
riertem Vorgehen haben Sie keine Chance, Ihren Narren zu

finden. Am Beginn steht die Erkenntnis, daß auch Sie närrische Aspekte besitzen – diese Erkenntnis kommt meist sehr plötzlich, zur unpassendsten Gelegenheit, schockt Sie und noch viel mehr Ihre Umwelt. Erst wenn Sie diese Angst – Sie erinnern sich hoffentlich an das Kapitel über die Angst vor der Veränderung – überwunden haben, machen Sie es Ihrem inneren Narren möglich, aus seinem Versteck herauszukommen und sich zu entfalten.

Den inneren Narren er-kennen

Licht?
Du mußt nur aus Deinem eigenen Schatten
heraustreten,
dann erkennst Du es.

Als nächsten Schritt probieren Sie einmal aus, wie das ist, so richtig närrisch, verrückt, anders zu sein. Gehen Sie – Jahrzehnte nachdem man Ihnen das Singen ausgetrieben hat – in einen Gesangskurs, lernen, nein spielen Sie irgendein Musikinstrument, möglichst eines, auf dem man eigentlich keine Musik im »ordentlichen« Sinn machen kann. Malen Sie Ihre Wände an, schreiben Sie ein Buch, trainieren Sie für den nächsten Marathon – auch wenn Sie jahrzehntelang unsportlich waren, machen Sie mit einem Schamanen eine Reise in eine andere Welt, laufen Sie über glühende Kohlen – Sie werden sehen, es macht Spaß!

Zu diesem Ausprobieren gehören zwei Dinge:

Der Mut, es gegen jede logische Vernunft (»Du kannst nicht singen« – »Du keuchst ja schon, wenn du die Stiegen hinaufgehst« – »Du hast überhaupt keine Zeit dafür« – »Kümmere Dich lieber um Deine Karriere«) zu versuchen.

Das »Gespür«, sich das richtige Thema, den richtigen Lehrer, die richtige Betätigung zu suchen – oder einfach wach und wach-sam darauf zu warten. Und eines im Auge zu behalten: Egal, was Sie auf diesem Weg erleben, es wird Sie weiterbringen. Aber es wird Sie nur dann weiterbringen, wenn Sie sich nicht daran festklammern und wieder in Ihre alten Muster zurückfallen. Denn auch närrische Tätigkeiten kann man mit verbissenem Ehrgeiz betreiben – dann sind sie allerdings nicht mehr närrisch, und Ihr innerer Narr wird sich davon distanzieren.

Und noch etwas: Lassen Sie sich nicht zwingen, zu nichts und von niemandem – Sie allein treffen die Entscheidung, was Sie tun und wie Sie es tun.

Den inneren Narren akzeptieren

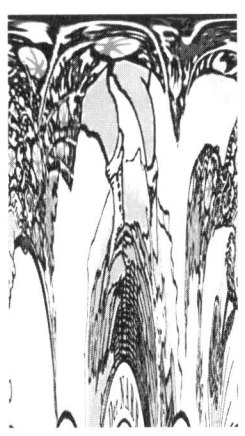

Und frage nicht: »Was ist der richtige Weg?«
Alle Wege sind richtig – oder falsch.
Es geht nicht darum, zu entscheiden, welcher Weg richtig ist.
Das einzige, was entschieden werden muß,
ist der Weg, der zu dir paßt.

Baghwan

Sie haben den ersten Schritt zur Akzeptanz Ihres inneren Narren schon getan, indem Sie ihn gesucht und gefunden und die ersten Schritte in die richtige Richtung gemacht haben. Bleiben Sie nach diesem ersten Schritt nicht stehen, sondern gehen Sie weiter. Dazu gehört auch, Ihrer »normalen« Umgebung zu erzählen, vorzuzeigen, was Sie da tun. Im Kapitel über Kreativität habe ich Ihnen klargemacht, daß kreative Gedanken allein nicht ausreichen, erst die Realisierung setzt den schöpferischen Akt.

Erzählen Sie Ihren Freunden und Kollegen, was Sie da tun, laden Sie sie ein, zu Ihrer Ausstellung, zu Ihrem Konzert, zu Ihrem Narrenfest – Sie werden sehen, viele werden es ignorieren (»der ist ja verrückt«), einige werden kommen, einige werden Sie beneiden, einige werden es Ihnen gleichtun. Aber Sie sollten sich bewußt sein, daß Sie einige Freunde verlieren, einige Kollegen Sie mit schiefen Blicken ansehen werden, Ihre Karriere vielleicht gefährdet ist (pfeifen Sie drauf, oder suchen Sie sich einen närrischeren Arbeitgeber) – die neuen, närrischen Freunde, die Sie bei dieser Gelegenheit dazugewinnen, machen das alles wett.

»Kindisch« werden viele Leute in Ihrer Umgebung zu Ihrem Verhalten sagen – richtig, kleine Kinder haben ihren inneren Narren noch nicht verloren, wissen noch nichts von Logik und Vernunft, sehen noch Zwerge und Elfen, dürfen noch träumen.

»Verrückt« werden viele Leute in Ihrer Umgebung sagen – richtig, Sie haben etwas ver-rückt in sich, haben neue Dimensionen für sich geöffnet.

Den inneren Narren er-nähren

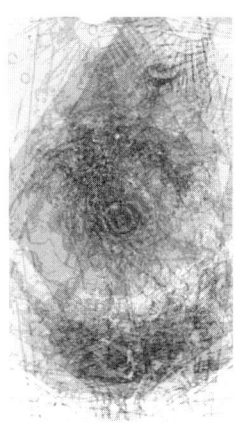

Da-Sein bringt Gewinn,
doch Nicht-Sein macht brauchbar.

Lao-Tse

Es genügt keineswegs, Ihren inneren Narren zu wecken – ist
er einmal wach, will er Nahrung. Sie haben es weiter vorne in
diesem Buch schon erfahren: Der Narr schreitet fort, sucht die
ständige Veränderung, neue Abgründe, über die er springen
kann, neue Welten, die er erforschen kann.

Es wird also notwendig sein, Ihrem Narren immer wieder
Nahrung zu geben – durch neue närrische Vorhaben, durch
neue närrische Verhaltensweisen, durch neue Welten, die Sie
sich erschließen.

Und damit schließt sich der Kreis zum Thema dieses Buches: Die Erneuerung muß ein fortschreitender Prozeß sein,
ein Kreislauf, denn Stillstand bedeutet Tod.

Den inneren Narren weiter-geben

Wenn Du in einem Raum stehst,
der an drei Wänden eine Tür hat,
und an einer Wand keine,
geh durch die Wand.

Sepp Resnik, Extremsportler
(sehr frei zitiert)

Das ist natürlich ein äußerst ehrgeiziges Vorhaben: Wenn Sie
Ihren Narren gefunden haben, sollten Sie sich so überzeugend
und positiv verändern, daß auch andere Menschen in Ihrer
Umgebung Lust bekommen, ihren Narren zu suchen (auch
»Lust« ist ein Wort, das »seriöse« Menschen nicht verwenden!).
Aber Vorsicht: Fühlen Sie sich nicht als Missionar im negativen
Sinn, indem Sie versuchen, Leute mit Zwang zu bekehren.
Auch deren innerer Narr muß ohne Druck und durch Sie selbst
erweckt werden. Und Methoden, Tätigkeiten, Lehrer, die
Ihnen geholfen haben, können für andere völlig falsch sein. Sie
können nur Hinweise geben, Beispiele aufzeigen, Türen öff-
nen – durchgehen muß jeder für sich und in die richtige Rich-
tung.

Aus-Klang

Am Ende dieses Buches, vor dem fertigen Manuskript habe ich nochmals nachgedacht, über den Entstehungsprozeß und was ich wirklich erreichen möchte mit diesem Buch.

Es gab einen Zeitpunkt – als etwa ein Drittel des Buches geschrieben war –, da wäre ich fast der Versuchung erlegen, ein Buch nur über den Narren zu schreiben, denn es gab so viel, was ich nicht niedergeschrieben hatte, weil es den Rahmen dieses Buches gesprengt hätte, und es gab so viel, was noch zu recherchieren gewesen wäre über ihn.

Zu diesem Zeitpunkt wurde mir klar, daß ein Narrenbuch ohne Bezug zu dem, was mit Menschen in Unternehmen passiert, ohne Bezug zum Druck auf alle Unternehmen, ihre Leistung ständig zu steigern und ihr Ergebnis laufend zu verbessern, wenig Sinn gemacht hätte: Dieses Buch hätten keine Manager, sondern nur Narren gelesen – die kennen den Inhalt in dieser oder ähnlicher Form ohnehin.

Wichtig ist es, daß ganz normale, seriöse, logisch denkende Menschen dieses Buch lesen und vielleicht – hoffentlich – auf diese Weise dahinterkommen, daß es neben Karrierestreben, EGT, Shareholder Value und Kostenreduktion auch Menschen im Unternehmen gibt, Menschen, deren Potential nur dann zum Wohl des Unternehmens eingesetzt werden kann, wenn sie wenigstens ein klein wenig närrisches Denken annehmen – ganz egal, in welcher Hierarchieebene diese Menschen arbeiten.

Ich erlaube mir zu träumen, daß das so oft zitierte »Human Capital« eines Unternehmens in naher Zukunft wirklich ernst genommen und genauso sorgsam behandelt wird wie jenes Unternehmenskapital, das leichter in Geldwert zu messen ist.

Man wird ja noch träumen dürfen – als Narr!

Kadenz: Auch Künstler sind Narren –
Zu den Narrenbildern in diesem Buch

Kunst ist frei von der Lüge, wahr zu sein.

Adorno

Die Narrenbilder dieses Buches sind (mit Ausnahme des Co-
vers) aus der entsprechenden Tarotkarte des Raider-Waite Tarots entstanden.

Ausgangsbild war die eingescannte Karte – alle Variationen
sind nicht durch Zeichnung, sondern durch Anwendung
verschiedener Filter und Verfremdungen eines Computer-
programms entstanden, welches üblicherweise zur Nachbe-
arbeitung von Illustrationen eingesetzt wird. Wesentlich dabei war, daß zu den Bildern nichts hinzugezeichnet oder
herausgelöscht wurde.

Die so entstandenen Bilder sind natürlich noch immer Narrenbilder – die gesamte Information des Ausgangsbildes ist
enthalten, nur verfremdet, verzerrt, gefiltert.

Warum ich diese Technik gewählt habe?

Meine »üblichen« Maltechniken sind Aquarell auf Zeichen-
papier und Acryl auf Stoff (Kenner künstlerischer Techniken
werden bemerkt haben, daß sich auch in meine Arbeitsweise

bereits eine gewisse Narrheit eingeschlichen hat, denn Aquarelle malt man »normalerweise« auf saugendem Aquarellpapier, mit Acrylfarben malt man auf grundierter, also nichtsaugender Leinwand). Ich male seit vielen Jahren abstrakte Bilder, die ich als »Reflexionen« bezeichne – Reflexionen, welche Abstraktes aus Gegenständlichem, Irreales aus Realem, Wirklichkeit aus Realität erzeugen. Die so reflektierten »Bildanlässe« meiner Bilder sind ganz unterschiedlich – Landschaften, Gedichte, Gedanken, Musik, aber auch technische Zeichnungen, die Identität eines Unternehmens. In allen Fällen tragen die Bilder zwar einen Titel, der den Bildanlaß (wenigstens zum Teil) offenlegt – trotzdem fordere ich den Betrachter meiner Bilder auf, seine eigenen Interpretationen, seine eigenen Träume, seine eigenen Wirklichkeiten darin zu finden.

»Reflektor« im Falle der Narrenbilder dieses Buches ist sozusagen der »elektronische Spiegel« des Bildbearbeitungsprogrammes, mein Pinsel ist die Tastatur und das Befehlsmenü. Und »zufällig« entstehen auch diese Bilder nicht, denn eine Vielzahl genau geplanter, dosierter, erprobter Schritte ist – wie bei einem gemalten oder gezeichneten Bild – notwendig, bis das Ergebnis meinen Vorstellungen entspricht.

Und auch bei diesen Bildern fordere ich den Betrachter auf, seinen eigenen Narren darin zu finden – oder auch etwas ganz anderes.

Buchvorschläge

Dies ist keine Bibliographie im herkömmlichen Sinn, ich habe weder alle Buchrücken in meinem Bücherregal abgeschrieben, noch versuche ich, Sie durch die Aufzählung von unendlich vielen Büchern (die ich vorgebe, gelesen zu haben), zu beeindrucken.

Wenn Sie den Weg des Narren gehen wollen, bleibt Ihnen nichts anderes übrig, als jene Bücher zu suchen, die *für Sie selbst* die richtigen sind.

Die folgende Liste kann daher nur Beispiele geben und eine Auswahl von Büchern zeigen, die für mich auf meinem Weg zum Narren wichtig waren.

Ich habe die Bücher nach Themen im weitesten Sinn geordnet, nicht nach dem Alphabet.

Paul Bate
Cultural Change
Strategien zur Änderung der Unternehmenskultur
1999 Gerling Akademie Verlag, München
ISBN 3-932425-03-0

Vera F. Birkenbihl
Kommunikationstraining
Zwischenmenschliche Beziehungen erfolgreich gestalten
1987 MVG, Landsberg
ISBN 3-478-03040-4

Andreas Drosdek
Der Samurai-Faktor
Durch Chaosmanagement aus der Krise
1995 Ullstein Verlag, Frankfurt a.M.
ISBN 3-548-35535-8

Michael J. Gelb
Das Leonardo-Prinzip
1998 VGS Verlagsgesellschaft, Köln
ISBN 3-8025-1378-9

Ein Oldie, aber viel zu selten wieder-gelesen:

Thomas A. Harris
Ich bin o.k – Du bist o.k.
Wie wir uns selbst besser verstehen und unsere Einstellung zu anderen
verändern können
Eine Einführung in die Transaktionsanalyse
1973 Rowohlt Verlag, Hamburg
ISBN 3-499-16916-9

Manfred Jahrmarkt
Das Tao-Management
Erfolgsschritte zur ganzheitlichen Führungspraxis
1995 Droemer Knaur, München
ISBN 3-426-79017-3

Wolf W. Lasko
Dream Teams
110 Stories über erfolgreiches Teamcoaching
1996 Gabler Verlag, Wiesbaden
ISBN 3-409-19624-2

Alexander Lowen
Lust
Der Weg zum kreativen Leben
1979 Kösel Verlag, München
ISBN 3-442-11367-9

Eddie Obeng
New World Manager
Revolutionäre Erkenntnisse für das Management
in einer neuen, globalen Welt
1998 Signum Verlag, Wien
ISBN 3-85436-249-8

Waldefried Pechtl,
Zwischen Organismus und Organisation
Wegweiser und Modelle für Berater und Führungskräfte
1989 Veritas-Verlag Linz
ISBN 3-85329-716-1

Astrid Schreynögg
Coaching
Eine Einführung für Praxis und Ausbildung
1995 Campus Verlag Frankfurt/Main, New York,
ISBN 3-593-35383-0

Paul Watzlawik
Wie wirklich ist die Wirklichkeit?
Wahn-Täuschung-Verstehen
1976 R.Piper Verlag, München
ISBN 3-492-02182-4

Khalil Gibran
Der Narr
Lebensweisheit in Parabeln
1975 Walter Verlag, Olten
ISBN 3-530-26721-X

Jean Paul
Bemerkungen über uns närrische Menschen
1984 Gustav Kiepenheuer Verlag Leipzig und Weimar,
ISBN 3-7833-6403-5

Lao Tse
Tao Te King
1995 Fischer Taschenbuch Verlag, Frankfurt am Main
ISBN 3-596-12135-3
(als eine der vielen verschiedenen Übersetzungen)

Ulf Diederichs (Herausgeber)
Erfahrungen mit dem I Ging
Vom kreativen Umgang mit dem Buch der Wandlungen
1987 Diederichs Verlag, Köln
ISBN 3-424-90719-9

Eva Ulmer-Janes
Magie ist keine Hexerei
Vom bewußten Umgang mit Energie
1997 Iberia Verlag, Wien
ISBN 3-900436-50-9

Alberto Villoldo, Stanley Krippner
Heilen und Schamanismus
Dokumente anderer Wirklichkeiten
(zur gleichnamigen Fernsehserie von Eva Maria Stelljes
und Georg Lhotsky)
1986 Sphinx Verlag, Basel
ISBN 3-85914-168-0

Als eines der vielen guten Tarot-Bücher:

Das große Buch des Tarot
1997 Wilhelm Heyne Verlag, München
ISBN 3-453-13486-9

Erich Doyle
Von der Brüderlichleit der Schöpfung
Der Sonnengesang des Franziskus
1987 Benziger Verlag, Zürich
ISBN 3-545-25072-5

Walter Nigg
Der christliche Narr
1956 Artemis Verlag, Zürich
1993 Diogenes Verlag, Zürich
ISBN 3-257-22588-1

Joachim-Ernst Berendt
Das Leben – ein Klang
Wege zwischen Jazz und Nada Brahma
1996 Droemersche Verlagsanstalt Th. Knaur, München
ISBN 3-426-60859-6

Nada Brahma
Die Welt ist Klang
1983 Insel Verlag, Frankfurt a.M.
ISBN 3-499-17949-0

Das dritte Ohr
Vom Hören der Welt
1985 Rowohlt Verlag, Hamburg
ISBN 3-499-18414-1

Peter Michael Hamel
Durch Musik zum Selbst
Wie man Musik erleben und neu erfahren kann
1980 dtv, München
ISBN 3-423-01589-6

Richard Bach
Die Möwe Jonathan
1992 Ullstein Verlag, Frankfurt a.M.
ISBN 3-548-20897-5

Bruce Chatwin
Traumpfade (Songlines)
1990 Carl Hanser Verlag, München ISBN 5-596-13710-1

Upton Sinclair
Der Dschungel
1994 Rowohlt Taschenbuch Verlag, Hamburg
ISBN 3-499-15491-9

Musikvorschläge

> Wer das Geheimnis der Töne kennt,
> kennt das Mysterium des ganzen Weltalls
>
> Hazrat Inayat Khan

Die nachfolgenden Musikvorschläge haben eines gemeinsam: Sie sind nach meinem persönlichen Geschmack völlig subjektiv ausgewählt und stellen einen winzigen Ausschnitt des Möglichen dar. Daß die Zusammenstellung eine eher närrische ist und darin keinerlei Logik erkennbar ist, wird Sie nach der Lektüre dieses Buches ja nicht wundern.

Wichtig für Sie ist: Suchen Sie sich jene Musik, die *Ihre* persönliche Resonanz, *Ihr* persönliches Schwingen auslöst. Nehmen Sie meine Beispiele nur als Unterstützung für Ihre Auswahl – oder hören Sie neugierig in das eine oder andere hinein.

Johann Sebastian Bach – Goldberg-Variationen
Glenn Gould (1981)
Sony

Johann Sebastian Bach – Die Kunst der Fuge
Canadian Brass
CBS

Johann Sebastian Bach – Die 6 Cello Suiten
Pablo Casals (1936/39)
Grammofono 2000

Buxtehude – Sonatae a due
The Boston Museum Trio
Harmonia Mundi France

Carmina Burana (Ludus de Passione, 13. Jahrhundert)
Schola Cantorum Basiliensis, Thomas Binkley
BMG – Deutsche Harmonia Mundi

Chopin and Beyond ...
Friedrich Gulda (1986)
Amadeo

Deuter – Extasy
Kuckuck

Pictures at an Exhibition
Emerson Lake & Palmer
EG Records

Adorate Deum – Gregorian Chant from the Proper of the Mass
Nova Schola Gregoriana, Alberto Turco
Naxos

Let it Play
Peter Michael Hamel, Piano, Pipe Organ, Keyboards
Kuckuck

Inside the Taj Mahal
Paul Horn, Querflöte
CBS

Book of Ways
Keith Jarrett, Clavicord
ECM

Sandawa Sounds
Hans Peter Klein, Michael Reimann & Friends, Sandawa
TGF Records

Darkness and Light
Stephan Mincus
ECM

The Mozart Sessions
Wolfgang Amadeus Mozart – Konzerte für Klavier und Orchester
No.23/A-Dur und Nr.20/d-Moll
Bobby McFerrin (Dirigent & Vocal-Improvisation), Chick Corea
The Saint Paul Chamber Orchestra
Sony

Erik Satie – Klavierstücke
Anne Queffélec
Virgin Classics

Franz Schubert – Streichquartett D353 »Der Tod und das Mädchen«
Melos Quartett
Deutsche Grammophon

From Dawn 'til Dusk
Tangerine Dream
Music Club

Overtones
Michael Vetter, Voice & Tambura
Wergo Spectrum

Richard Wagner – Der »Ring« ohne Worte
Lorin Maazel, Berliner Philharmoniker
Telarc

Big Tribal Heart
Birds in a jungle of Time
Gerhard Lipold u.a. – Didgeridoo, Vocals, Keyboard, Strings …
Die Extraplatte

Menuhin meets Shankar
Sir Yehudi Menuhin, Violine
Ravi Shankar, Sitar
EMI Records

12 Canciones di Garcia Lorca para Guitarra
Paco de Lucia, Ricardo Modrego
Philips

Friday Night in San Francisco
Al DiMeola, John McLaughlin, Paco DeLucia (1981)
Sony

Winds of Warning
Adam Black and Johnny (White Ant) Soames, Didgeridoo
Australian Music International

Anmerkungen

1 Eva Maria Stelljes und Georg Lhotsky: Heilen und Schamanismus
2 Quelle für diesen Abschnitt: A. Douglas: Geschichte und Ursprung des Tarot, München 1996
3 Arthur Edward Waite: The Pictoral Key to Tarot, London 1910
4 A. E. Waite w. o.
5 Susan Hansson, Reading Tarot Cards, 1997
6 A. E. Waite w. o.
7 Annette Greif: Die mittelalterliche Narrenidee und Ihre Ausprägung in Sebastian Brants »Narrenschiff«, Düsseldorf 1998
8 A. Greif w. o.
9 A. Greif w. o.
10 A. Greif w. o.
11 A. Greif w.o.
12 A. Greif w. o.
13 A. Greif w. o.
14 A. Greif w. o.
15 Walter Nigg: Der christliche Narr
16 Eva Ulmer-Janes: Magie ist keine Hexerei – Vom bewußten Umgang mit der Energie
17 A. E. Waite: w. o.
18 U. Schubert, W. Neutzler: Heilkräfte des Tarot, München 1991
19 E. Ulmer-Janes: w. o.
20 Aleister Crowley, The Book of Thoth, London 1944
21 M. Endres
22 U. Schubert, W. Neutzler: Heilkräfte des Tarot
23 Alfred Douglas: The Tarot – The Origin, Meaning and Uses of the Cards, London 1972
24 Alfred Douglas: w. o.

Paul Bate

Cultural Change
Strategien zur Änderung der
Unternehmenskultur

Aus dem Englischen von
Gerhard Beckmann
368 Seiten. Gebunden
ISBN 3-932425-03-0

Die exzellent geschriebene Studie zeichnet sich vor allem
durch differenzierte, praxisbezogene Ratschläge aus und
vermeidet das in der Managementliteratur geläufige Vorgehen nach der »KISS«-Methode: keep it simple, stupid.

Ron S. Dembo
Andrew Freeman

Die Revolution des finanziellen
Riskmanagements
Gesetze, Regeln, Instrumente

Aus dem Englischen von
Thomas Pfeiffer
256 Seiten. Gebunden
ISBN 3-932425-11-1

»Ein nützliches Werk, das beim Lesen auch noch
Vergnügen bereitet.« *Bilanz*

Franz Reither

Komplexitätsmanagement
Denken und Handeln
in komplexen Situationen

160 Seiten. Gebunden
ISBN 3-9803352-6-7

»Nur derjenige erreicht Unternehmens- und Projekt-
erfolg, der die ständig komplexer werdenden Zusammen-
hänge erkennt und beherrschen lernt. Sehr gut analysiert
und praxisnah wird das Thema in dem Buch behandelt.«
Die Welt